Eisenmann / Quittnat / Tavakoli

Rechtsfälle aus dem Wirtschaftsprivatrecht

Hartmut Eisenmann/Joachim Quittnat/Anusch Tavakoli

Rechtsfälle aus dem Wirtschaftsprivatrecht

9., neu bearbeitete Auflage

CFM C.F. Müller

Hartmut Eisenmann, Rechtsanwalt;
Veröffentlichungen: „Gewerblicher Rechtsschutz", Wiesbaden 1974, „Grundriss Gewerblicher Rechtsschutz und Urheberrecht", Heidelberg 8. Aufl. 2009, Lexikon Marketing-Recht, Landsberg 1998 und weitere Beiträge, insbesondere zum Gewerblichen Rechtsschutz, sowie Co-Autor von „Praktische Investitionsgüterwerbung", Landsberg 1981, „Einführung in die Handelswerbung", Stuttgart 1988, „Verkaufsförderung", Landsberg 1993, „Verkaufsförderung, Erfolgreiche Sales Promotion", Landsberg 2000.

Joachim Quittnat,
Lehrgebiete: Außenhandelsrecht, Arbeitsrecht; Veröffentlichungen: „Der Privatrechtsfall", Heidelberg 6. Aufl. 2005, „Das Recht der Außenhandelskaufverträge", Heidelberg 1988 und weitere Beiträge, Co-Autor von „Grundsatzkommentar zum Bürgerlichen Gesetzbuch – Besonderes Schuldrecht", Heidelberg 1982, „Handels- und Gesellschaftsrecht", München 1988.

Anusch Tavakoli,
Lehrgebiete: Wirtschaftsprivatrecht, Handels- und Gesellschaftsrecht, Erbrecht; Veröffentlichungen: „Privatisierung und Haftung der Eisenbahn", Baden-Baden 2001, Co-Autor „Besteuerung der GmbH & Co. KG", Wiesbaden 2007, „Wirtschaftsprivatrecht", München 2011.

Die drei Verfasser gehören als Professoren der Hochschule für Gestaltung, Technik, Wirtschaft und Recht in Pforzheim an.

Bibliografische Information der Deutschen Nationalbibliothek

Die Deutsche Nationalbibliothek verzeichnet diese Publikation in der Deutschen Nationalbibliografie; detaillierte bibliografische Daten sind im Internet über <http://dnb.d-nb.de> abrufbar.

Bei der Herstellung des Werkes haben wir uns zukunftsbewusst für umweltverträgliche und wiederverwertbare Materialien entschieden. Der Inhalt ist auf elementar chlorfreies Papier gedruckt.

ISBN 978-3-8114-9675-0

E-Mail: kundenbetreuung@hjr-verlag.de
Telefon: +49 89/2183-7928
Telefax: +49 89/2183-7620

www.cfmueller-campus.de
www.hjr-verlag.de

Satz: Gottemeyer, Rot
Druck: Beltz Druckpartner, Hemsbach

Vorwort

Diese Auflage bringt die Fallsammlung auf den neuesten Stand durch Aktualisierungen und Ergänzungen, sei es aus tatsächlichen oder rechtlichen Gründen. Einige Rechtsfälle werden ersetzt.

Lösungsschema und Darstellungsweise der bisherigen Auflagen werden beibehalten.

In personeller Hinsicht hat diese Auflage eine wichtige Veränderung erfahren. Herbert Gnauk ist auf eigenen Wunsch aus dem Autorenteam ausgeschieden. Hartmut Eisenmann und Joachim Quittnat bedauern dies sehr und bedanken sich auch an dieser Stelle für die langjährige gute und freundschaftliche Zusammenarbeit. Sie freuen sich aber auch, Anusch Tavakoli als neuen Co-Autor begrüßen zu können.

Pforzheim, im Februar 2011

Hartmut Eisenmann
Joachim Quittnat
Anusch Tavakoli

Vorwort zur ersten Auflage

Die vorliegende Fallsammlung ist aus dem Werk „Rechtsfälle für den Studierenden der Wirtschaftswissenschaften" hervorgegangen, das in zwei Auflagen erschienen ist. Mit ihr sollte ein vielfach geäußerter Wunsch von Studenten erfüllt werden. Dieses Anliegen ist maßgebend geblieben.

Es sind vor allem wirtschaftsnahe Fälle ausgewählt. Die Gruppierung richtet sich weitgehend nach dem Gesetzesaufbau. Es stehen deshalb Fälle aus dem BGB an der Spitze, denen sich Fälle aus dem Handels- und Gesellschaftsrecht, dem Wettbewerbs- und Markenrecht sowie dem Arbeitsrecht anschließen. Auf eine Steigerung des Schwierigkeitsgrades bei der Anordnung der Fälle ist geachtet.

Den Falllösungen liegt ein einheitliches und einfaches Schema zugrunde, das auch dort konsequent eingehalten ist, wo eine andere Form der Darstellung möglich gewesen wäre. Pädagogische Gesichtspunkte waren auch bei der Auswahl der Zitate maßgebend. Diese wurden sparsam verwendet; grundlegende Gerichtsentscheidungen standen dabei im Vordergrund.

Pforzheim, im Juni 1983

Hartmut Eisenmann
Herbert Gnauk
Helmut Käß

Inhaltsverzeichnis

Abkürzungsverzeichnis

AG	Aktiengesellschaft
AGB	Allgemeine Geschäftsbedingungen
AGG	Allgemeines Gleichbehandlungsgesetz
AktG	Aktiengesetz
BAG	Bundesarbeitsgericht
BB	Betriebsberater (Zeitschrift)
BDSG	Bundesdatenschutzgesetz
BetrVG	Betriebsverfassungsgesetz
BGB	Bürgerliches Gesetzbuch
BGH	Bundesgerichtshof
BGHZ	Entscheidungen des Bundesgerichtshofs in Zivilsachen
BUrlG	Bundesurlaubsgesetz
CISG	UN-Kaufrecht (Convention on the International Sale of Goods)
DB	Der Betrieb (Zeitschrift)
DPMA	Deutsches Patent- und Markenamt
EGBGB	Einführungsgesetz zum Bürgerlichen Gesetzbuch
GBO	Grundbuchordnung
GebrMG	Gebrauchsmustergesetz
GeschmMG	Geschmacksmustergesetz
GewO	Gewerbeordnung
GmbH	Gesellschaft mit beschränkter Haftung
GmbHG	Gesetz betreffend die Gesellschaften mit beschränkter Haftung
GRUR	Gewerblicher Rechtsschutz und Urheberrecht (Zeitschrift)
GWB	Gesetz gegen Wettbewerbsbeschränkungen
HABM	Harmonisierungsamt für den Binnenmarkt (Marken, Muster und Modelle) in Alicante
HGB	Handelsgesetzbuch
InsO	Insolvenzordnung
KG	Kommanditgesellschaft
KSchG	Kündigungsschutzgesetz
MarkenG	Markengesetz
MMA	Madrider Markenabkommen
MuSchG	Mutterschutzgesetz
NJW	Neue Juristische Wochenschrift (Zeitschrift)
OHG	Offene Handelsgesellschaft
OLG	Oberlandesgericht

PatG	Patentgesetz
ProdHaftG	Produkthaftungsgesetz
PVÜ	Pariser Verbandsübereinkunft
RIW	Recht der Internationalen Wirtschaft (Zeitschrift)
SGB	Sozialgesetzbuch
StGB	Strafgesetzbuch
TVG	Tarifvertragsgesetz
TzBfG	Teilzeit- und Befristungsgesetz
UrhG	Urheberrechtsgesetz
UWG	Gesetz gegen den unlauteren Wettbewerb
UKlaG	Unterlassungsklagengesetz
VOB	Verdingungsordnung für Bauleistungen
WIPO	World Intellectual Property Organisation
WRP	Wettbewerb in Recht und Praxis (Zeitschrift)
ZPO	Zivilprozessordnung
ZVG	Gesetz über die Zwangsversteigerung und die Zwangsverwaltung

Anleitung zur Lösung von Fällen

Gehen wir von folgendem Fall aus:

Ein Bauherr stellt fest, dass die Fenster seines Neubaus immer undichter schließen. Der Glaser hat offensichtlich zu grünes Holz verarbeitet. Der Bauherr drängt auf Mängelbeseitigung vor dem nächsten Winter. Er wird von seinem Glaser von Mal zu Mal vertröstet. Deswegen nervös geworden, fragt er sich – Mitte August –, ob er vom Vertrag mit diesem Glaser zurücktreten kann. Er beabsichtigt dann, die Fenster von der Konkurrenz in Ordnung bringen zu lassen.

Wie finden wir die Antwort auf diese Frage?

Wir müssen uns zunächst vergegenwärtigen, dass in unserem Staat der Gesetzgeber in vielen Gesetzen nahezu alles geregelt hat. Diese Gesetze sind generell gefasst. Sie bringen also nicht für jeden Einzelfall eine Regelung, sondern für ganze Fallgruppen. Das hat den Vorteil, dass die Gesetze kürzer werden und mit hoher Wahrscheinlichkeit keine Lücken haben. Aber der Laie oder Anfänger weiß oft nicht, welche gesetzlich geregelte Fallgruppe den zu beurteilenden Einzelfall betrifft. Das wird besonders schwierig, wenn das Gesetz eigene technische Begriffe verwendet, um eine solche Fallgruppe zu umreißen.

Der *erste Arbeitsschritt* wird damit deutlich: Es muss die gesetzliche Entscheidungsgrundlage gesucht werden. Dazu müssen wir die gestellte Frage sorgfältig aufnehmen. Wir müssen sehen, dass hier ein Bauherr gegenüber seinem Bauhandwerker etwas ganz Bestimmtes – Rücktrittsrecht vom Vertrag – ausüben möchte. Dann müssen wir bedenken, welche Gesetzesstelle dazu etwas sagen könnte. Gesetzeskenntnis hilft dabei. Wer weiß, dass ein Bauvertrag ein Werkvertrag im Sinne der §§ 631 ff. BGB ist, hat bereits halb gewonnen. Man muss dann nämlich nur noch in diesem Werkvertragsrecht weiterlesen. §§ 633 ff. BGB bringen die Regelung zur Schlechterfüllung, also zum hier interessierenden schlechterfüllten Bauvertrag. § 634 Nr. 1 BGB räumt dem Bauherrn das Recht auf Nacherfüllung gemäß § 635 BGB ein, nämlich nach Wahl des Glasers Neuherstellung des Werkes oder Mangelbeseitigung. Das Letztere ist das Recht, das unser Bauherr bisher vergeblich verlangt hat und von dem er jetzt abrücken möchte. An folgenden Rechten hat der Bauherr ebenfalls kein Interesse: bei Vorliegen der jeweiligen Voraussetzungen hätte er nach § 634 Nr. 2 BGB ein Selbstbeseitigungsrecht und könnte Ersatz der erforderlichen Aufwendungen verlangen; nach § 634 Nr. 3 BGB könnte er die Vergütung mindern; nach § 634 Nr. 4 BGB hätte er den Anspruch auf Schadensersatz. Das vom Bauherrn gewünschte Rücktrittsrecht enthält § 634 Nr. 3 BGB. § 634 Nr. 3 BGB ist also die gesuchte gesetzliche Grundlage. In dieser Vorschrift wird nur beschrieben, ob ein Rücktrittsrecht besteht. Nicht behandelt wird dagegen die Frage, wie das Rücktrittsrecht vollzogen wird und welche Folgen es hat. Das steht in den §§ 346 ff. BGB.

Für unsere weitere Arbeit müssen wir uns jetzt die Architektur einer gesetzlichen Normierung, wie des § 634 Nr. 3 BGB, verdeutlichen. Es zeigt sich dabei immer das gleiche Bild. Die gesetzliche Norm nennt bestimmte Voraussetzungen, unter denen ganz Bestimmtes gelten soll. So zählt § 634 BGB Voraussetzungen auf und verweist in Nr. 3 auf die §§ 636 und 323 BGB. Als Folge legt § 634 Nr. 3 BGB fest: der Besteller kann vom Vertrag zurücktreten. Die gesetzliche Norm macht also die interessierende Rechtsfolge – Rücktritt – jeweils von genau bestimmten Voraussetzungen abhängig.

Der *zweite Arbeitsschritt* ist damit vorgezeichnet: Es müssen die Kriterien der gefundenen Gesetzesgrundlage ermittelt werden. Dazu müssen wir den fraglichen Paragraphen, hier also unseren § 634 BGB und seine Nr. 3, genau lesen und erfassen. Wir müssen erkennen, dass der Rücktritt zunächst offensichtlich von folgender Voraussetzung abhängt: der Mangelhaftigkeit der Bauleistung. Die Bauleistung ist nach § 633 Abs. 2 BGB mangelhaft, wenn sie nicht die vereinbarte Beschaffenheit hat oder wenn sie sich nicht für die nach dem Vertrag vorausgesetzte oder die gewöhnliche Verwendung eignet. Außerdem darf nicht ein anderes bestimmt sein. Die Rechte des Bauherrn nach § 639 BGB dürfen nicht ausgeschlossen oder beschränkt sein. Die weiteren Voraussetzungen sind durch die Verweisung auf die §§ 636, 323 BGB genannt. § 323 Abs. 1 BGB setzt voraus, dass der Bauherr eine angemessene Frist zur Nacherfüllung bestimmt hat, die erfolglos abgelaufen ist. Außerdem verlangt § 323 Abs. 5 Satz 2 BGB für den Rücktritt, dass der Werkmangel erheblich war. Die Verweisung auf § 636 BGB zeigt allerdings, dass die Fristsetzung nicht erforderlich ist, wenn die Nacherfüllung wegen unverhältnismäßiger Kosten verweigert wurde, fehlgeschlagen oder unzumutbar ist oder der Unternehmer gemäß § 323 Abs. 2 BGB die Nachbesserung ernsthaft und endgültig verweigert hat oder besondere Umstände vorliegen, die den sofortigen Rücktritt rechtfertigen.

Unser Recht zum Rücktritt nach § 634 Nr. 3 BGB hat also drei Voraussetzungen: Werkvertrag, Mangelhaftigkeit der Bauleistung, Vorliegen der Voraussetzungen des § 323 BGB, nämlich Erheblichkeit des Mangels und erfolgloser Ablauf einer zur Nacherfüllung bestimmten angemessenen Frist oder Entbehrlichkeit der Fristsetzung. Damit ist der zweite Schritt zur Lösung der gestellten Frage bewältigt.

Dritter und letzter *Arbeitsschritt* ist die Prüfung, ob diese Voraussetzungen der Entscheidungsgrundlage nach dem zu beurteilenden Sachverhalt gegeben sind oder nicht. Entweder besteht dann das Recht – hier also die Möglichkeit, zurückzutreten – oder nicht. Dazu müssen wir jede einzelne Voraussetzung gesondert anhand des gegebenen Sachverhalts durchgehen. Dass hier ein Werkvertrag vorliegt und die Bauleistung mangelhaft ist, kann nicht fraglich sein. Der Sachverhalt sagt ja, dass der Glaser zu grünes Holz verarbeitet hat und deshalb die Fenster immer undichter schließen. Das ist eine Mangelhaftigkeit der Bauleistung, wie sie nach § 633 BGB nicht vorliegen darf. Dieser Mangel ist auch erheblich, weil Fenster in Neubauten nicht undicht sein dürfen. Die Mängelrechte des Bauherrn sind nicht ausgeschlossen oder beschränkt. Die nächste Voraussetzung liegt allerdings nicht vor: zwar hat der Bauherr dem Glaser eine Frist zur Nacherfüllung gesetzt, nämlich vor Einbruch des Winters. Diese Frist ist aber nicht erfolglos abgelaufen. Die Fristsetzung war auch nicht entbehrlich nach § 636 BGB. Der Glaser hat die Nacherfüllung nämlich nicht wegen unverhältnismäßiger Kosten (§ 635 Abs. 3 BGB) verweigert, die Nacherfüllung ist auch nicht fehlgeschlagen oder dem Besteller unzumutbar. Auch die weiteren Ausnahmen, die durch die Verweisung durch § 636 BGB auf § 323 Abs. 2 BGB in Betracht kommen, liegen nicht vor. Nach § 323

Abs. 2 Nr. 1 BGB hat der Glaser die Nacherfüllung nicht ernsthaft und endgültig verweigert, sondern nur den Bauherrn vertröstet. Es liegen auch keine besonderen Umstände gemäß § 323 Abs. 2 Nr. 3 BGB vor, die den sofortigen Rücktritt rechtfertigen könnten. Durch eine Nacherfüllung vor Beginn des Winters könnte das Problem der undichten Fenster behoben werden. Unser Bauherr ist also nicht berechtigt, vom Vertrag zurückzutreten. Er müsste erst abwarten, bis die Nacherfüllungsfrist abgelaufen ist.

Die *Lösungsskizze* unseres Ausgangsfalles hat nach alledem folgendes Aussehen:

Entscheidungsgrundlage: Der Bauherr könnte nach § 634 Nr. 3 BGB vom Vertrag zurücktreten.

Voraussetzungen: § 634 Nr. 3 BGB verlangt

- Werkvertrag
- eine mangelhafte Werkleistung
- kein Haftungsausschluss
- Vorliegen der Voraussetzungen des § 323 BGB, nämlich
- Erheblichkeit des Mangels (§ 323 Abs. 5 Satz 2 BGB)
- Bestimmen einer angemessenen Frist zur Nacherfüllung
- erfolgloser Fristablauf

Überprüfung: Zwischen dem Bauherrn und dem Glaser wurde ein Werkvertrag geschlossen, weil der Glaser einen Erfolg zu erbringen hat (§ 631 Abs. 2 BGB).

Die zweite Voraussetzung ist nach dem Sachverhalt erfüllt. Eingesetzte Fenster, die immer undichter schließen, sind im Sinne von § 633 Abs. 2 Nr. 2 BGB nicht für die gewöhnliche Verwendung geeignet.

Undichte Fenster setzen deren Gebrauchstauglichkeit beträchtlich herab und sind daher ein erheblicher Mangel. Auch liegt kein Haftungsausschluss vor. Problematisch sind die weiteren Merkmale der Voraussetzung gemäß § 323 BGB. Der Bauherr hat dadurch eine Frist gesetzt, dass er Mängelbeseitigung vor Einbruch des Winters verlangt; diese Frist ist aber noch nicht abgelaufen. Nach § 636 BGB wäre eine Fristsetzung aber nicht erforderlich, wenn der Unternehmer wegen unverhältnismäßiger Kosten die Nacherfüllung verweigert hat oder wenn die Nacherfüllung fehlgeschlagen oder dem Besteller unzumutbar wäre. Diese Fälle liegen hier nicht vor. § 323 Abs. 2 Nr. 1 bis 3 BGB enthält weitere Ausnahmen, die eine Fristsetzung entbehrlich machen. Der Glaser hat die Mangelbeseitigung nicht endgültig verweigert; er hat den Bauherrn lediglich vertröstet. Ein Fixgeschäft im Sinne von § 323 Abs. 2 Nr. 2 BGB liegt nicht vor. Es besteht auch kein besonderes Interesse des Bauherrn im Sinne des § 323 Abs. 2 Nr. 3 BGB, da bis zum Einbruch des Winters noch genügend Zeit zur Nacherfüllung verbleibt.

Ergebnis: Der Bauherr ist also nicht berechtigt, vom Vertrag zurückzutreten. Dazu müsste er zuvor den erfolglosen Ablauf einer angemessenen Frist zur Nacherfüllung abwarten.

Bevor wir unsere Arbeitsanleitung zusammenfassen, müssen wir noch *ein besonderes Problem* überdenken. Es ist möglich, dass wir bei unserem ersten Arbeitsschritt, der Suche nach der gesetzlichen Entscheidungsgrundlage, nicht nur eine, sondern zwei, ja noch weitere Gesetzesstellen entdecken. Um uns das zu verdeutlichen, müssen wir unseren Ausgangsfall nur dahin abwandeln, dass dieser Bauvertrag, wie häufig, die VOB als Vertragsbestandteil aufgenommen hat. Dann steht neben § 634 BGB zugleich Teil B der VOB. In einem solchen Fall ist die speziellere Grundlage zuerst Schritt für Schritt durchzuprüfen. Das ist die Regelung mit dem engeren Anwendungsgebiet, hier also Teil B der VOB vor § 634 BGB. Bringt die Prüfung der speziellen Grundlage bereits ein positives Ergebnis, hier also die Berechtigung, vom Vertrag zurückzutreten, so ist die Aufgabe selbstverständlich damit gelöst. Schwieriger wird es, wenn die spezielle Grundlage versagt, wie das in unserem Fall gegeben ist. Die VOB gibt nämlich kein

Recht zum Rücktritt vom Werkvertrag wegen mangelhafter Leistung. Dann ist nämlich weiter zu fragen, ob die generelle Regelung neben der Spezialregelung Bestand hat oder gänzlich verdrängt wird. Wenn das Erste anzunehmen ist, muss jetzt die generelle Regelung auch noch Schritt für Schritt geprüft werden.

Wir können jetzt zusammenfassen: Wer die Antwort auf eine rechtliche Frage finden will, muss drei Arbeitsschritte bewältigen:

1. **Von der Frage zum Gesetz!** Man muss die gesetzliche Entscheidungsgrundlage finden.
2. **Voraussetzungen herausholen!** Man muss die Kriterien dieser Entscheidungsgrundlage ermitteln.
3. **Sachverhalt herantragen!** Man muss prüfen, ob die Kriterien der Entscheidungsgrundlage nach dem gegebenen Sachverhalt vorliegen oder nicht.

Schließlich muss man noch wissen, dass die *speziellere Grundlage zuerst* abzuhandeln ist, wenn mehrere Gesetzesstellen in Frage kommen.

Teil I
Bürgerliches Recht

Fall 1

Ein postalischer Fehler

Eine GmbH bot dem Rohstofflieferanten V in Hamburg am 2. Mai „freibleibend" 10 t First-Bauxit zum Preis von 6000,– € an. V telefonierte daraufhin am 6. Mai mit K, einem Aluminiumhersteller in Dortmund, wobei er ihm die 10 t Bauxit zum Preis von 9000,– € anbot. K bat sich eine Überlegungsfrist aus; V erwiderte, er halte sich an diese Offerte bis zum 31. Mai gebunden.

K bestellte die 10 t Bauxit bei V schriftlich; dieses Schreiben war – wie auch aus dem Poststempel ersichtlich – am 24. Mai zur Post gegeben worden. Es ging jedoch infolge einer ungeklärten Verzögerung auf dem Postwege erst am 5. Juni bei V ein.

Nun bestellte V am 6. Juni bei der GmbH das am 2. Mai angebotene Bauxit. Die GmbH antwortete am 8. Juni, sie könnte wegen der rasch gestiegenen Weltmarktpreise allenfalls für 7000,– € liefern. V wollte auf diesen Preis ohne Rückfrage bei K nicht eingehen und teilte daher dem K am 24. Juni mit, das Bauxit koste jetzt 10 500,– €. Mit diesem Preis war K nicht einverstanden.

Frage 1: Ist V berechtigt, von der GmbH die Lieferung von 10 t Bauxit zum Preis von 6000,– € zu verlangen?

Frage 2: Ist K berechtigt, von V die Lieferung des Bauxits für 9000,– € zu fordern?

Lösung Frage 1:

Entscheidungsgrundlage: Der Lieferanspruch könnte sich auf § 433 Abs. 1 BGB stützen. Voraussetzung dafür ist, dass zwischen V und der GmbH ein Kaufvertrag über 10 t Bauxit zustande gekommen ist. Dies beurteilt sich nach den §§ 145 ff. BGB.

Voraussetzungen: Danach kommt ein Vertrag durch Antrag und Annahme zustande.

Für einen Vertragsantrag (§ 145 BGB) ist erforderlich:
- inhaltliche Bestimmtheit
- Bindungswille des Antragenden
- Zugang beim Adressaten.

Die Vertragsannahme setzt voraus:
- inhaltliche Übereinstimmung mit dem Antrag
- Einhaltung der Frist
- Zugang beim Antragenden.

Überprüfung: Das Schreiben der GmbH an V vom 2. Mai war inhaltlich bestimmt. Es war nämlich die zu verkaufende Ware (10 t Bauxit) und der Preis (6000,-€) genannt. Jedoch fehlte es an der zweiten Voraussetzung, dem Bindungswillen des Antragenden. Durch den Zusatz „freibleibend" brachte die GmbH zum Ausdruck, dass sie sich die

Entscheidung über die Lieferung noch vorbehalten, sich also nicht selbst binden wollte. Das Schreiben vom 2. Mai stellt also kein Angebot dar.

Dagegen ist die „Order" vom 6. Juni ein Vertragsangebot des V an die GmbH. Es ist inhaltlich bestimmt, denn V wollte zu dem von der GmbH genannten Preis die 10 t Bauxit erwerben. Der Bindungswille des V war vorhanden, denn V hatte ihn bei seiner konkreten Bestellung nicht ausgeschlossen. Der Zugang (§ 130 Abs. 1 BGB) ist ebenfalls erfolgt.

Die GmbH hat dieses Angebot des V nicht so, wie es ihr gemacht wurde, angenommen. Sie hat den von V gebotenen Preis von 6000,– auf 7000,– € abgeändert. Dies gilt nach § 150 Abs. 2 BGB als Ablehnung, verbunden mit einem neuen Antrag.

Diesen neuen Antrag der GmbH an V vom 8. Juni hat der V nicht angenommen. Er will ja zu dem ursprünglich genannten Preis von 6000,– € beliefert werden.

Ergebnis: Es besteht somit kein Kaufvertrag zwischen V und der GmbH. Lieferung kann daher nicht verlangt werden.

Lösung Frage 2:

Entscheidungsgrundlage: Auch K könnte seinen Lieferanspruch gegen V auf § 433 Abs. 1 BGB stützen.

Voraussetzungen: Dafür wäre erforderlich, dass zwischen beiden ein Kaufvertrag zum Preis von 9000,– € abgeschlossen wurde. Die Voraussetzungen für den Abschluss eines Vertrags wurden bereits oben dargelegt.

Überprüfung: Das Telefongespräch vom 6. Mai zwischen V und K enthielt ein Vertragsangebot. V erklärte, dem K 10 t Bauxit zum Preis von 9000,– € verkaufen zu wollen. Diese inhaltlich vollständige Erklärung wurde auch mit Bindungswillen abgegeben. V wollte erkennbar an K verkaufen und hat seine Gebundenheit nicht ausgeschlossen; er hat vielmehr erklärt, „sich bis zum 31. Mai gebunden zu halten". Diese mündliche Erklärung ist dem K zugegangen.

K hat mit seinem Antwortschreiben, das am 24. Mai zur Post gegeben wurde, seinen Annahmewillen erklärt. Dieses Schreiben ist dem V erst am 5. Juni zugegangen, also nach Ablauf der gesetzten Frist zum 31. Mai. Dies wäre nach § 148 BGB verspätet, weil ein Angebot, das befristet abgegeben wurde, nur innerhalb der gesetzten Frist wirksam angenommen werden kann. Von dieser grundsätzlichen Regelung macht § 149 BGB eine Ausnahme unter folgenden engen Voraussetzungen:

- rechtzeitige Absendung der Annahmeerklärung
- verspäteter Zugang wegen unregelmäßiger Beförderung
- Erkennbarkeit für den Empfänger
- keine Anzeige der Verspätung.

Dies trifft hier alles zu: Da K bereits am 24. Mai das Schreiben zur Post gegeben hatte, hätte es als Inlandsbrief rechtzeitig zum 31. Mai zugehen müssen. V musste dies aus

Poststempel und Absendedatum erkennen. Er hat dies nicht unverzüglich angezeigt, sondern erst am 24. Juni. Daher gilt die verspätete Annahme des K als rechtzeitig. Ein Kaufvertrag ist somit zustande gekommen.

Ergebnis: V ist verpflichtet, dem K die 10 t Bauxit für 9000,– € zu liefern.

Fall 2

Der Mopedkauf des Minderjährigen

Der fast 18-jährige K kaufte beim Fahrzeughändler V ein gebrauchtes Moped zum Preis von 1000,– €. Davon zahlte er 750,– € sogleich an; dieses Geld hatte er selbst verdient und durfte damit nach dem Willen seiner Eltern anfangen, was er wollte. Die restlichen 250,– € sollten aus dem zukünftigen Verdienst in 10 Monatsraten beglichen werden. Als K die dritte Rate nicht pünktlich zahlte, erfuhr V das wahre Alter des K.

Frage 1: Sind die Befürchtungen des V begründet, dass dieser Kaufvertrag noch nicht wirksam sei?

Frage 2: Kann V gegebenenfalls etwas unternehmen, um möglichst rasch zu klären, ob es beim Mopedkauf an K bleibt oder nicht?

Lösung Frage 1:

Entscheidungsgrundlage: Der Kaufvertrag könnte deshalb nicht wirksam sein, weil der noch nicht 18 Jahre alte K beschränkt geschäftsfähig war (§ 106 BGB).

Voraussetzungen: Verträge eines beschränkt Geschäftsfähigen sind nur wirksam,
- wenn sie mit Einwilligung des gesetzlichen Vertreters erfolgen (§ 107 BGB), oder
- wenn sie dem Minderjährigen lediglich rechtlichen Vorteil bringen (§ 107 BGB), oder
- wenn der Minderjährige die eigene vertragsmäßige Leistung mit so genanntem Taschengeld bewirkt hat (§ 110 BGB).

Im Übrigen hängt die Wirksamkeit des Vertrages jeweils von der Genehmigung des gesetzlichen Vertreters ab (§ 108 Abs. 1 BGB).

Überprüfung: Der erste Ausnahmefall, in dem der Vertragsabschluss des Minderjährigen voll wirksam ist, liegt nicht vor. Die gesetzlichen Vertreter des K – seine Eltern (§§ 1629, 1626 BGB) – haben in die Willenserklärung des K nicht eingewilligt, also nicht vorher zugestimmt (§ 183 BGB).

Der zweite Ausnahmefall, in dem der Vertragsabschluss des Minderjährigen voll wirksam ist, liegt ebenfalls nicht vor. Der Kaufvertrag bringt dem K nicht nur den rechtlichen Vorteil, dass er vom Verkäufer die Übereignung des Kaufobjektes verlangen kann, sondern zugleich den Nachteil, dass er zur Kaufpreiszahlung verpflichtet ist (§ 433 Abs. 2 BGB).

Auch der dritte Ausnahmefall ist nicht gegeben. Zwar hat K 750,– € Taschengeld für den Mopedkauf verwandt. Er hat damit aber nur einen Teil des Kaufpreises bezahlen können. Die übrigen 250,– € sind offen geblieben, also nicht bewirkt worden, wie es § 110 BGB voraussetzt.

Auf den Kaufvertrag zwischen K und V trifft damit die Regelung des § 108 Abs. 1 BGB zu. Der Vertrag ist bis zur Genehmigung durch den gesetzlichen Vertreter schwebend unwirksam. Diese Genehmigung der Eltern liegt bisher nicht vor.

Ergebnis: Die Befürchtungen des V, dass der Kaufvertrag noch nicht wirksam sei, sind danach begründet. Auf den guten Glauben des V kommt es dabei nicht an. Das BGB stellt in §§ 104 ff. ausschließlich auf das wahre Alter des K ab.

Lösung Frage 2:

V könnte einmal die Eltern des K auffordern, den Kaufvertrag zu genehmigen. Würde dann nach zwei Wochen keine Antwort eingehen, so stünde fest, dass der Vertrag unwirksam ist (§ 108 Abs. 2 BGB).

V könnte auch abwarten, bis der fast 18 Jahre alte K volljährig geworden ist, und ihn dann um Genehmigung bitten (§ 108 Abs. 3 BGB).

Fall 3

Der falsch beurkundete Kaufpreis

Kaufmann K will ein Betriebsgrundstück erwerben. Er einigt sich mündlich mit V, der ein geeignetes Grundstück anzubieten hat, auf einen Kaufpreis von 500 000,– €. Vor dem Notar erklären V und K, um Steuern und Gebühren zu sparen, der Kaufpreis betrage 300 000,– €. Dieser Betrag wird vom Notar als Kaufpreis beurkundet.

Nachträglich bekommen V und K Meinungsverschiedenheiten. K verlangt Erfüllung des notariell beurkundeten Kaufvertrages, während V auf Einhaltung der mündlichen Abrede besteht.

Frage 1: Kann K Übereignung des Grundstücks auf Grund des notariellen Vertrags fordern?
Frage 2: Oder muss er das Grundstück für 500 000,– € abnehmen?
Frage 3: K hat im Vertrauen auf den erwarteten Eigentumserwerb einen Architekten zur Begutachtung der Bebauung herangezogen und muss dafür 10 000,– € zahlen. Kann er, falls er mit seinem Standpunkt nicht durchdringen sollte, diesen Betrag von V ersetzt verlangen?
Frage 4: V übereignet das Grundstück wirksam an den K und dieser wird als neuer Eigentümer im Grundbuch eingetragen; nun verlangt V von K 500 000,– €. Zu Recht?

Lösung Frage 1:

Entscheidungsgrundlage: Als Anspruchsgrundlage kommt § 433 Abs. 1 BGB in Betracht.

Voraussetzungen: Die Anwendung dieser Vorschrift setzt voraus, dass ein gültiger Kaufvertrag über einen Kaufpreis von 300 000,– € zustande gekommen ist.

Überprüfung: V und K haben zwar übereinstimmend vor dem Notar entsprechende Willenserklärungen abgegeben. Sie waren sich aber dabei einig, dass das von ihnen Erklärte nicht gelten sollte, denn sie hatten sich insgeheim auf einen Kaufpreis von 500 000,– € geeinigt. Ihre Erklärungen vor dem Notar waren nur zum Schein abgegeben. Der beurkundete Kaufvertrag ist daher nichtig (§ 117 Abs. 1 BGB).

Ergebnis: K kann also das Grundstück nicht für 300 000,– € von V verlangen.

Lösung Frage 2:

Entscheidungsgrundlage: Gesetzliche Grundlage für eine Abnahmepflicht des K ist § 433 Abs. 2 BGB.

Voraussetzungen: Es müsste ein gültiger Kaufvertrag über 500 000,– € vorliegen.

Überprüfung: V und K waren sich darüber einig, dass K das Grundstück für 500 000,– € von V erwerben sollte. Dieser Verkauf war ernstlich gewollt; er sollte durch das vor dem Notar erklärte Scheingeschäft verdeckt werden. Nach § 117 Abs. 2 BGB finden die für das verdeckte Rechtsgeschäft, hier also für den Verkauf von Grundstücken, geltenden Vorschriften Anwendung.

Der Kaufvertrag über 500 000,– € hätte gemäß § 311 b Abs. 1 BGB notariell beurkundet werden müssen. Da diese Form nicht eingehalten wurde, ist der Vertrag nach § 125 BGB nichtig.

Ergebnis: K muss daher das Grundstück nicht für 500 000,– € abnehmen.

Lösung Frage 3:

1. Entscheidungsgrundlage: Der Ersatzanspruch könnte auf §§ 280 Abs. 1, 241 Abs. 2 BGB gestützt werden.

Voraussetzungen: Dabei wird vorausgesetzt:
- Bestehen eines Schuldverhältnisses
- Pflichtverletzung,
- die der Schuldner zu vertreten hat.

Überprüfung: Zwar besteht kein gültiger Kaufvertrag zwischen V und K. Aber bereits durch die Aufnahme von Vertragsverhandlungen entsteht nach § 311 Abs. 2 Nr. 1 BGB ein Schuldverhältnis mit Pflichten nach § 241 Abs. 2 BGB. Das bedeutet, dass bereits mit Beginn der Vertragsverhandlungen die Partner zur Rücksicht auf die Rechte, Rechtsgüter und Interessen des anderen Teils verpflichtet sind.

Aus diesem Schuldverhältnis ergab sich für V die Pflicht, keine unbegründeten Erwartungen in K zu erwecken und ihn dadurch zu nutzlosen Aufwendungen zu veranlassen. Davon kann hier aber keine Rede sein. V und K haben bewusst und gewollt einen unsauberen Weg beschritten, um Steuern und Gebühren zu sparen. In einem solchen Fall kann keiner von beiden berechtigterweise erwarten, dass der andere den unsauberen Weg bis zum Ende mitgeht. Wer einen fehlerhaften Vertrag in Kenntnis des Fehlers abschließt, handelt auf eigenes Risiko und ist nicht schutzwürdig.

Ergebnis: K ist daher nicht berechtigt, Ersatz seiner Aufwendungen von V zu verlangen.

2. Entscheidungsgrundlage: Der Anspruch auf Ersatz der Aufwendungen könnte auf § 284 BGB gestützt werden.

Voraussetzungen:
- Anspruch auf Schadensersatz statt der Leistung nach §§ 280 Abs. 1, 3, 281 BGB
  - Bestehen eines Schuldverhältnisses
  - Pflichtverletzung durch Nichtleistung oder Schlechtleistung
  - bei Vertretenmüssen des Schuldners
  - Bestimmen einer angemessenen Frist durch den Gläubiger
  - keine ordnungsgemäße Leistung während der Frist
- Aufwendungen im Sinne von § 284 BGB.

Überprüfung: Das Schuldverhältnis liegt, wie oben dargelegt, vor (§ 311 Abs. 2 Nr. 1 BGB). Aus diesem Schuldverhältnis hat der Schuldner V nach § 241 Abs. 2 BGB lediglich Schutzpflichten, aber keine Leistungspflichten.

Ergebnis: K ist daher nicht berechtigt, Ersatz seiner Aufwendungen von V zu verlangen.

Lösung Frage 4:

Entscheidungsgrundlage: Der Zahlungsanspruch auf die 500 000,– € könnte auf § 433 Abs. 2 BGB gestützt werden.

Voraussetzungen: Es müsste ein gültiger Kaufvertrag über 500 000,– € vorliegen.

Überprüfung: V und K waren sich darüber einig, dass K das Grundstück für 500 000,– € von V erwerben sollte. Aus Vorstehendem ergibt sich, dass dieser Vertrag wegen Formmangels nichtig ist. Jedoch könnte dieser Formmangel geheilt sein gem. § 311 b Abs. 1 Satz 2 BGB, wenn die Auflassung und die Eintragung im Grundbuch erfolgt sind. Die Einigung über den Eigentumsübergang (Auflassung) sowie die Eintragung des K im Grundbuch als neuer Eigentümer sind hier erfolgt gem. §§ 925, 873 BGB. Der Formmangel wird also nachträglich geheilt. Mit Auflassung und Eintragung des K im Grundbuch wird der (mündliche) Kaufvertrag über das Grundstück zum Kaufpreis von 500 000 € wirksam.

Ergebnis: V kann von K den Kaufpreis in Höhe von 500 000,– € verlangen.

Fall 4

Zwei Brauereien und ein Gastwirt

Der Gastwirt G hatte vor einigen Jahren mit der Brauerei A einen Bierlieferungsvertrag geschlossen. Darin verpflichtet sich A gegenüber G, bestimmtes Mobiliar zur Verfügung zu stellen, G gegenüber A, alles Bier für die Dauer von 10 Jahren ausschließlich von A zu beziehen.

Jetzt schließt G mit der Brauerei B einen zweiten Vertrag, der im Wesentlichen aus folgenden drei Teilen besteht:

a) G bezieht seinen gesamten Bierbedarf mit sofortiger Wirkung bei B; der Vertrag mit A wird nicht mehr erfüllt.
b) Bierpreise.
c) B gewährt G ein Darlehen zu sehr günstigen Bedingungen.

Frage 1: Ist Teil a) des zweiten Vertrages wirksam?
Frage 2: Welche Bedeutung hätte die Unwirksamkeit von Teil a) auf den gesamten Vertrag zwischen G und B?

Lösung Frage 1:

Entscheidungsgrundlage: Grundlage für die Gestaltung schuldrechtlicher Verträge ist das Prinzip der Vertragsfreiheit (§ 311 Abs. 1 BGB). Das bedeutet, dass die Parteien grundsätzlich den Vertragsinhalt frei bestimmen können. Grenzen der Vertragsfreiheit ergeben sich aus §§ 134, 138 BGB. Davon kommt hier § 138 Abs. 1 BGB in Betracht.

Voraussetzungen: Nach dieser Vorschrift ist ein Rechtsgeschäft nichtig, das gegen die guten Sitten verstößt.

Überprüfung: Die Rechtsprechung nimmt einen Verstoß gegen die guten Sitten an, wenn das Rechtsgeschäft dem Rechtsgefühl aller billig und gerecht Denkenden widerspricht. Bei der Bejahung der Sittenwidrigkeit sind die Gerichte äußerst zurückhaltend. Dies wird aus § 138 Abs. 2 BGB abgeleitet. Dort wird ein Einzelfall der Sittenwidrigkeit behandelt, nämlich der Wucher. Hierfür genügt nicht das auffällige Missverhältnis zwischen Leistung und Gegenleistung; es müssen außerdem noch die aufgeführten subjektiven, verwerflichen Merkmale hinzutreten. Davon ausgehend ist nach der Rechtsprechung ein Sittenverstoß nach § 138 Abs. 1 BGB u.a. dann gegeben, wenn einem Dritten gegenüber ein bewusster Treuebruch begangen wird.

G und B führen einen bewussten Treuebruch gegenüber A herbei. Teil a) ihres Vertrags richtet sich gegen die Erfüllung des Vertrags zwischen G und A. Diesen Vertragsbruch bezwecken G und B.

Ergebnis: Damit verstößt Teil a) des Vertrages gegen § 138 Abs. 1 BGB und ist nichtig.

Lösung Frage 2:

Entscheidungsgrundlage: Diese Frage wird durch § 139 BGB beantwortet.

Voraussetzungen: Danach ist das ganze Rechtsgeschäft nichtig, wenn
- ein Teil des Rechtsgeschäfts nichtig ist und
- nicht ausnahmsweise anzunehmen ist, dass es auch ohne den nichtigen Teil vorgenommen worden wäre.

Überprüfung: Teil a) des Vertrages zwischen G und B ist, wie oben dargestellt, nichtig. Die Bierpreise in Teil b) des Vertrages wären ohne die – nichtige – Bierbezugsverpflichtung von Teil a) nicht vereinbart worden. Das Gleiche gilt für die Darlehensgewährung in Teil c). B hätte das sehr günstige Darlehen nicht gewährt, wenn sich G nicht seinerseits zum Bierbezug bei B verpflichtet hätte. Die zweite Voraussetzung von § 139 BGB ist somit auch erfüllt.

Ergebnis: Damit ist der gesamte Vertrag zwischen G und B nichtig.

Fall 5

Der umstrittene Bauauftrag

Eigentümer E wollte in seinem Haus einen Umbau durchführen. Er beauftragte den Architekten A mit der Planung, der Bauleitung und der Vergabe des Auftrages. A setzte sich mit dem Bauunternehmer U in Verbindung und forderte ihn auf, ein Angebot abzugeben. U bot daraufhin die Ausführung der Arbeiten für 180 000,– € an. Dabei kalkulierte er eine relativ hohe Gewinnspanne ein, in der Erwartung, dass A ihn noch im Preis „drücken" werde.

In der Folgezeit fanden zwei mündliche Besprechungen zwischen A und U statt. Bei der zweiten war auch E anwesend, wobei er u.a. dem U erklärte: *„Wegen der Erteilung des Auftrages werden Sie von Herrn A noch hören".*

Am 1.6. einigten sich A und U endgültig über die Ausführung der Arbeiten. A unterschrieb eine Erklärung: *„Hiermit erteile ich der Firma U im Namen von Herrn E den Auftrag, die Umbauarbeiten im Hause ... auf der Basis des Angebots vom ... mit den vereinbarten Änderungen gemäß Besprechungsprotokoll vom ... zum Gesamtpreis von 180 000,– € auszuführen. A."*

Als A am Abend des gleichen Tages in sein Büro zurückkam, überreichte ihm seine Sekretärin einen Brief des E. Darin entzog E dem A „mit sofortiger Wirkung den Auftrag, verbunden mit dem Verbot, weiterhin für mich tätig zu sein". Als Begründung wurde Unzufriedenheit mit den Leistungen des A angeführt. Den Brief hatte die Sekretärin bereits am 30.5. aus dem Postfach geholt; infolge Arbeitsüberlastung hatte sie ihn zunächst unbeachtet liegen gelassen.

Nachdem sich dies alles herausgestellt hatte, bestand U gegenüber E auf der Ausführung der Arbeiten. E lehnte ab. Er erklärte, der A habe für ihn nicht abschließen können.

Frage: Ist E an die Auftragserteilung gebunden?

Lösung:

Entscheidungsgrundlage: Ob E an die Erklärung des Architekten A gebunden ist, beurteilt sich nach dem Stellvertretungsrecht der §§ 164 ff. BGB.

Voraussetzungen: Eine wirksame Stellvertretung erfordert nach § 164 Abs. 1 Satz 1 BGB:

- Abgabe einer Willenserklärung durch den Vertreter
- im Namen des Vertretenen
- innerhalb der ihm zustehenden Vertretungsmacht.

Überprüfung: A gab durch die schriftliche Erklärung vom 1.6. gegenüber U eine Willenserklärung ab, die zum Abschluss eines Werkvertrages (§ 631 BGB) führte.

A tat dies im Namen des E, wie sich aus der Erklärung selbst ergibt.

Für diese Erklärung hatte der E dem A zunächst die Vollmacht erteilt (§ 167 Abs. 1 BGB). A war neben der Planung und Bauleitung auch mit der Vergabe des Auftrages betraut worden; er konnte also ursprünglich für den E rechtsgeschäftlich tätig werden. Mit seinem späteren Schreiben, in dem E dem A „mit sofortiger Wirkung den Auftrag" entzog, hat E nicht nur den Geschäftsbesorgungsvertrag sofort wirksam beendet (§§ 675, 649 BGB), sondern zugleich auch das Erlöschen der erteilten Vollmacht bewirkt (§ 168 Satz 1 BGB). Dieses Schreiben ist dem A bereits am 30.5. zugegangen und damit wirksam geworden (§ 130 Abs. 1 BGB); dass die Sekretärin den Brief zunächst nicht geöffnet hatte, ändert daran nichts. Somit hatte A am 1.6., als er gegenüber dem U seine Willenserklärung abgab, eigentlich keine Vollmacht mehr gehabt. Hier greift aber zum Schutz eines gutgläubigen Dritten die Sonderregelung des § 170 BGB ein. E hatte dem U in einer gemeinsamen Besprechung erklärt, „wegen der Erteilung des Auftrags werden Sie von Herrn A noch hören". Dies bedeutete nach Treu und Glauben (§ 133 BGB) auch eine Bevollmächtigung gegenüber dem Dritten U, dem gegenüber die Vertretung stattfinden soll (§ 167 Abs. 1 BGB). Somit bleibt zugunsten des U diese Erklärung solange in Kraft, bis ihm das Erlöschen der Vollmacht von dem A angezeigt wird, oder bis er auf andere Weise das Erlöschen kannte oder kennen musste (§ 173 BGB). Beides trifft hier nicht zu. Weder hat E gegenüber dem U die Vollmacht des A widerrufen, noch musste U auf andere Weise von dem Widerruf etwas wissen. Daher bestand die Vollmacht des A gegenüber dem U nach wie vor. A hat daher am 1.6. den E wirksam gegenüber U vertreten.

Ergebnis: E ist an die Erteilung des Auftrages gebunden.

Fall 6

Das falsche Preisetikett

K hat im Ladengeschäft des V einen Wintermantel für 560,– € gekauft, das Geld bereits bezahlt und den verpackten Mantel ausgehändigt erhalten. Bedient wurde er von dem Verkäufer X. Als K gerade das Ladenlokal verlassen will, stürzt aufgeregt der V auf ihn zu und erklärt, dieser Mantel kostet 650,– €. Es stellt sich heraus, dass eine Aushilfskraft des V versehentlich ein falsches Preisetikett an den Mantel gehängt und deshalb der Verkäufer X den niedrigeren Preis genannt hat.

Frage 1: Ist V berechtigt, von K weitere 90,– € zu verlangen?
Frage 2: Oder kann er die Rückgabe des Mantels fordern?

Lösung Frage 1:

Entscheidungsgrundlage: Anspruchsgrundlage ist § 433 Abs. 2 BGB.

Voraussetzungen: Die Anwendbarkeit dieser Vorschrift setzt voraus, dass zwischen V und K ein Kaufvertrag über einen Kaufpreis von 650,– € zustande gekommen ist.

Überprüfung: K hat sich mit X über den Kauf des Mantels für 560,– € geeinigt. X ist dabei als Stellvertreter des V aufgetreten und hat diesen nach §§ 164 Abs. 1 BGB, 56 HGB wirksam vertreten. Somit ist ein Kaufvertrag zwischen K und V über 560,– € zustande gekommen.

Das Verlangen des V auf Zahlung von weiteren 90,– € ist als Angebot zur Abänderung des bereits geschlossenen Kaufvertrags auf den höheren Preis von 650,– € zu werten. K hat dieses Angebot jedoch abgelehnt, sodass ein Kaufvertrag über 650,– € nicht abgeschlossen worden ist.

Ergebnis: V kann deshalb keine weiteren 90,– € von K fordern.

Lösung Frage 2:

Entscheidungsgrundlage: Der Rückgabeanspruch des V kann auf § 812 BGB gestützt werden.

Voraussetzungen: Die Anwendbarkeit dieser Vorschrift verlangt,
- dass der Bereicherte etwas erlangt hat
- auf Kosten des Entreicherten
- ohne rechtlichen Grund.

Überprüfung: K hat etwas, nämlich Eigentum und Besitz an dem Mantel, erlangt. X hat ihm gemäß §§ 929, 164 Abs. 1 BGB den Mantel wirksam übereignet.

K hat beides auf Kosten des V erlangt, denn dieser hat Eigentum und Besitz an dem Mantel verloren.

Rechtsgrund für diese Leistung des V an K war zunächst der Kaufvertrag über 560,– €. Der Kaufvertrag könnte jedoch durch Anfechtung rückwirkend nichtig geworden sein (§ 142 BGB). In dem Rückgabe-verlangen des V ist eine Anfechtung zu sehen (§ 133 BGB); denn V hat eindeutig seinen Willen erklärt, von dem Kaufvertrag wegen des Irrtums des X loszukommen. Es ist deshalb zu prüfen, ob V einen Anfechtungsgrund hatte. Dies beurteilt sich nach den §§ 119 Abs. 1 und 2, 120 BGB. Dabei kommt es auf die Person des Vertreters X, nicht auf die des Vertretenen V an (§ 166 Abs. 1 BGB).

1. Der Anfechtungsgrund nach § 119 Abs. 1, 1. Alt. BGB setzt voraus:
- Abgabe einer Willenserklärung
- Irrtum des Erklärenden über deren Inhalt
- Wesentlichkeit des Irrtums.

X hat beim Abschluss des Kaufvertrages eine Willenserklärung im Namen des V abgegeben. Er hat sich dabei jedoch nicht über den Inhalt seiner Erklärung geirrt. Er hat erklärt, den Mantel für 560,– € zu verkaufen. Genau das wollte er auch erklären, da das Preisetikett über diesen Betrag lautete. Es fehlt damit an der zweiten Voraussetzung für eine Anfechtung nach § 119 Abs. 1, 1. Alt. BGB.

2. Die Anfechtung nach § 119 Abs. 1, 2. Alt. BGB setzt voraus:
- Abgabe einer Willenserklärung
- dass der Erklärende eine Erklärung dieses Inhalts überhaupt nicht abgeben wollte
- Wesentlichkeit des Irrtums.

Eine Willenserklärung liegt vor, wie oben dargelegt. Ob X eine Erklärung dieses Inhalts überhaupt nicht abgeben wollte, beurteilt sich danach, ob er seine Erklärung anders aufgefasst hat, als sie objektiv zu verstehen war. Das ist nicht der Fall. Seine Erklärung lautete, wie ausgeführt, objektiv über 560,– €, und subjektiv hat er die Erklärung nicht anders aufgefasst.

Deshalb entfällt auch der Anfechtungsgrund aus § 119 Abs. 1, 2. Alt. BGB.

3. Die Anfechtung nach § 119 Abs. 2 BGB setzt voraus:
- Abgabe einer Willenserklärung
- Irrtum über eine verkehrswesentliche Eigenschaft der Sache
- Wesentlichkeit des Irrtums.

Eine Willenserklärung liegt vor, wie oben dargelegt. X hat sich bei seiner Erklärung, den Mantel für 560,– € zu verkaufen, über den Wert des Mantels geirrt. Der Wert einer Sache ist jedoch keine Eigenschaft dieser Sache, er ist vielmehr das Bewertungsresultat der einzelnen Eigenschaften der Sache.

Daher ist auch eine Anfechtung nach § 119 Abs. 2 BGB nicht möglich.

4. Die Anfechtung nach § 120 BGB setzt voraus:
- Abgabe einer Willenserklärung
- unrichtige Übermittlung derselben durch den dafür eingesetzten Boten
- Wesentlichkeit.

Eine Willenserklärung liegt vor, wie oben dargelegt. X hat keine fremde Willenserklärung übermittelt, sondern als Stellvertreter des V eine eigene Willenserklärung abgegeben. Er ist daher nicht Bote, was § 120 BGB voraussetzt.

Auch das Versehen der Aushilfskraft fällt nicht unter diese Vorschrift. Diese Arbeitnehmerin hat zwar ein falsches Preisetikett angebracht; dies stellt aber keine Willenserklärung gegenüber dem Kunden K dar.

Damit entfällt auch eine Anfechtung nach § 120 BGB.

V hat somit keinen Anfechtungsgrund. Der Kaufvertrag über 560,– € ist deshalb wirksam geblieben. K hat den Mantel mit rechtlichem Grund erlangt.

Ergebnis: V ist nicht berechtigt, Rückgabe des Mantels gegen Rückzahlung des Kaufpreises von K zu verlangen.

Fall 7

Die alte Forderung

In interessierten Geschäftskreisen spricht sich immer mehr herum, dass sich die Einzelfirma A, die Fertighäuser herstellt, wirtschaftlich wieder gefangen hat. Bei der Repro-Anstalt B erinnert man sich eines alten Außenstandes.

Die Geschäftsunterlagen ergeben folgendes Bild:

- Die Firma A erteilte im Oktober 2007 einen größeren Druckauftrag für einen reich bebilderten Katalog.
- Die Auslieferung erfolgte am 15. November 2007.
- Die Firma A leistete daraufhin, genau am 12. Dezember 2007, eine Teilzahlung in Höhe von 10 000,– €.
- Der restliche Außenstand über 15 000,– € wurde ab Februar 2008 monatlich, jeweils am 5., angemahnt.
- Am 26. Juli 2008 bat die Firma A um Stundung.
- Das Gesuch wurde von der Repro-Anstalt unter dem 05. August 2008 abgelehnt und zugleich das gerichtliche Mahnverfahren angedroht.
- Am 22. August 2008 stellte die Firma A Insolvenzantrag.
- Dieses Verfahren wurde am 04. November 2008 mangels Masse eingestellt, ohne dass die Repro-Anstalt B zuvor ihren Zahlungsanspruch angemeldet gehabt hätte.
- Zum Jahresende 2008 wurde dieser Außenstand von 15 000,– € als nicht beitreibbar ausgebucht.

Die Repro-Anstalt B möchte im Juni 2011 wissen:

Frage 1: Wann ist die Restforderung über 15 000,– € verjährt?

Frage 2: Was sollte unternommen werden, um eine Zahlung vielleicht doch noch zu erreichen? Begründen Sie Ihren Vorschlag.

Lösung Frage 1:

Entscheidungsgrundlage: Nach § 214 Abs. 1 BGB ist der Schuldner bei Verjährung berechtigt, die Leistung zu verweigern.

Voraussetzungen für das Entstehen dieses Leistungsverweigerungsrechtes sind:

- Bestehen eines Anspruchs (§ 194 Abs. 1 BGB)
- Ablauf der Verjährungsfrist (§§ 195 ff. BGB)
- keine Verjährungshemmung (§§ 203 ff. BGB)
- kein Neubeginn der Verjährung (§ 212 BGB).

Überprüfung: Die Zahlungsforderung, um die es hier geht, ist ein Anspruch; von der Firma A wird ein Tun verlangt (§ 194 BGB).

Die Verjährungsfrist beträgt nach § 195 BGB drei Jahre. Die Kataloge wurden am 15. November 2007 ausgeliefert und entgegengenommen; damit wurde die Vergütung fällig (§§ 271 Abs. 1, 320 Abs. 1 Satz 1 BGB). Die Verjährungsfrist beginnt demnach nach § 199 BGB am Ende des Jahres, in dem die Forderung fällig wird, also am 31. Dezember 2007, zu laufen und endet drei Jahre später, also am 31. Dezember 2010.

Die Verjährung könnte nach §§ 203 ff. BGB gehemmt sein.

Die Teilzahlung in Höhe von 10 000,– € erfolgte am 12. Dezember 2007 und damit vor Verjährungsbeginn; sie war daher unerheblich.

Zwar suchte die Firma A am 26. Juli 2008 um Stundung nach. Dadurch könnte die Verjährung gemäß § 205 BGB gehemmt worden sein. Jedoch lehnte die Repro-Anstalt das Gesuch ab. Damit kam es zu keiner Stundungsvereinbarung, die nach § 205 BGB notwendig gewesen wäre, um die Verjährung zu hemmen.

Die monatlichen Mahnungen – auch unter Androhung des gerichtlichen Mahnverfahrens – waren verjährungsrechtlich bedeutungslos; sie sind nicht in § 204 BGB als Hemmungsgrund aufgeführt. Gleiches galt für das Insolvenzverfahren über das Vermögen der Firma A; erst eine Anmeldung der Forderung in diesem Verfahren hätte zur Hemmung geführt (§ 204 Abs. 1 Nr. 10 BGB).

Allerdings ließ das Stundungsgesuch am 26. Juli 2008 nach § 212 Abs. 1 BGB die Verjährung neu beginnen. Dazu genügte das einseitige Anerkenntnis des Schuldners, noch 15 000,– € zu schulden, wie es in diesem Gesuch zum Ausdruck kam. Nach § 212 BGB begann die neue Verjährungsfrist von drei Jahren nach Beendigung des Neubeginns. Das war am 26. Juli 2008 und nicht erst am Jahresende.

Ergebnis: Die Restforderung der Repro-Anstalt über 15 000,– € verjährt am 26. Juli 2011.

Lösung Frage 2:

Es sollte das gerichtliche Mahnverfahren eingeleitet werden. Mit Zustellung des Mahnbescheides wird die Verjährung gehemmt (§ 204 Abs. 1 Nr. 3 BGB). Der Mahnbescheid müsste spätestens am 26. Juli 2011 eingereicht werden (§ 167 ZPO).

Das Mahnverfahren ist kostengünstiger und weniger arbeitsintensiv als die Klage; es ist keine Begründung erforderlich. Auch ist hier der Berechtigte nicht von einem Anerkenntnis des Verpflichteten abhängig.

Fall 8

Der rostrote Segelanzug

A interessierte sich für einen Segelanzug. Er surfte deswegen im Internet und fand bei dem gewerblichen Verkäufer B ein Angebot für einen rostroten Segelanzug in Größe 54 zum Preise von 250,– €.

Vor seiner Bestellung erhielt A die notwendigen Informationen für einen Vertrag im elektronischen Geschäftsverkehr, wie sie Art. 246 Einführungsgesetz zum Bürgerlichen Gesetzbuch (EGBGB) festlegt. Außerdem wurde er darauf hingewiesen, dass die Allgemeinen Geschäftsbedingungen des B gelten sollen. Als er diese lesen wollte, erschien mehrfach auf seinem Bildschirm der Hinweis „Diese Seite wurde nicht gefunden". Deswegen konnte A die Allgemeinen Geschäftsbedingungen des B nicht abrufen.

A hatte jetzt noch die Möglichkeit, Eingabefehler zu korrigieren. Anschließend bestellte er durch Doppelklick. Der Lieferant bestätigte unverzüglich über Internet den Zugang der Bestellung des A.

Der Anzug wurde am 15. März angeliefert. Am 25. April fiel A durch die Prüfung für einen Segelschein und wollte deswegen den neuen Segelanzug nicht mehr.

Frage: Kann A am 3. Mai den Kaufvertrag widerrufen?

Lösung:

Entscheidungsgrundlage: A könnte nach § 355 Abs. 1 BGB seine auf den Abschluss des Vertrages gerichtete Willenserklärung widerrufen. Er wäre dann nicht mehr an den Vertrag gebunden.

Voraussetzungen: Der Widerruf setzt voraus:
- Verbrauchervertrag
- durch Gesetz eingeräumtes Widerrufsrecht
- fristgerechte Widerrufserklärung durch den Verbraucher.

Überprüfung: A hat mit B einen Kaufvertrag abgeschlossen. Dieser Vertrag kam zustande durch Antrag und Annahme. Die Angebote des B im Internet stellen keinen Antrag (§ 145 BGB) dar, weil sie an einen unbestimmten Personenkreis gerichtet sind und daher keinen Bindungswillen enthalten. A hat durch den doppelten Mausklick den Antrag abgegeben, nämlich den rostroten Segelanzug in Größe 54 zum Preis von 250,– € erwerben zu wollen. Dieser Antrag ist unverzüglich von B bestätigt worden (§ 312e Abs. 1 Nr. 3 BGB). Dies stellt noch keine Annahme dar, sondern lediglich eine Empfangsbestätigung. Die Annahme erfolgte vielmehr durch die Lieferung am 15. März. Es handelt sich zudem um einen Verbrauchervertrag, weil A gemäß § 13 BGB Verbraucher ist. Er hat als natürliche Person einen Vertrag abgeschlossen, der weder seiner gewerblichen noch seiner selbstständigen beruflichen Tätigkeit zugerechnet werden kann.

Das gesetzliche Widerrufsrecht könnte sich aus § 312d Abs. 1 BGB ergeben, wenn dieser Vertrag als Fernabsatzgeschäft zu qualifizieren ist. Fernabsatzgeschäfte sind nach § 312b BGB gegeben, wenn

- ein Vertrag über die Lieferung von Waren abgeschlossen wird
- zwischen einem Unternehmer und einem Verbraucher
- unter ausschließlicher Verwendung von Fernkommunikationsmitteln.

Ein Vertrag über Waren, nämlich den rostroten Segelanzug, wurde hier abgeschlossen, wie bereits dargelegt.

A ist – wie oben geprüft – Verbraucher. B ist gemäß § 14 BGB Unternehmer, weil er bei Abschluss des Kaufvertrages in Ausübung seiner gewerblichen Tätigkeit handelt.

Fernkommunikationsmittel sind nach § 312b Abs. 2 BGB Kommunikationsmittel, die zwischen einem Verbraucher und einem Unternehmer ohne gleichzeitige körperliche Anwesenheit eingesetzt werden, z.B. ein Tele- und Mediendienst. Die Benutzung des Internets durch A fällt unter diese Definition. Die Annahme des B erfolgt durch die Zusendung der Ware. Diese Zusendung ist ebenfalls ein Fernkommunikationsmittel. Damit sind zum Vertragsschluss ausschließlich Fernkommunikationsmittel verwendet worden. Dementsprechend steht dem A ein gesetzliches Widerrufsrecht zu.

A hat von diesem Widerrufsrecht am 3. Mai Gebrauch gemacht. Dies wäre an sich gemäß § 355 Abs. 2 BGB verspätet, weil die zweiwöchige Frist nach § 355 Abs. 2 Satz 1 BGB abgelaufen ist. Aber im elektronischem Geschäftsverkehr gilt die Sonderregel des § 312e Abs. 3 Satz 2 BGB: die Widerrufsfrist beginnt – abweichend von § 355 Abs. 2 Satz 1 BGB – nicht vor Erfüllung der Pflichten aus § 312e Abs. 1 BGB.

Elektronischer Geschäftsverkehr ist nach § 312e Abs. 1 BGB gegeben, wenn sich ein Unternehmer zum Zwecke des Abschlusses eines Vertrages über die Lieferung von Waren eines Tele- oder Mediendienstes bedient. Diese Voraussetzung ist für B als Verkäufer, der seine Produkte über Internet anbietet, erfüllt. § 312e Abs. 1 Satz 1 Nr. 4 BGB verpflichtet den B, dem A die Möglichkeit zu verschaffen, die Allgemeinen Geschäftsbedingungen bei Vertragsabschluss abzurufen. Das ist hier nicht erfüllt, weil A die Allgemeinen Geschäftsbedingungen durch den Hinweis „Diese Seite wurde nicht gefunden" nicht abrufen konnte.

Wegen dieser Pflichtverletzung begann die zweiwöchige Widerrufsfrist nicht zu laufen. Das Widerrufsrecht erlischt gemäß § 355 Abs. 4 Satz 2 BGB spätestens sechs Monate nach Eingang der Ware beim Empfänger. A widerruft also am 3. Mai rechtzeitig. Eine Begründung für den Widerruf ist nicht erforderlich (§ 355 Abs. 1 Satz 2 BGB), es kommt also nicht darauf an, ob A die Segelscheinprüfung bestanden hat oder nicht.

Ergebnis: A hat rechtzeitig widerrufen; er ist an den Vertrag nicht mehr gebunden.

Fall 9

Der heimlich verzogene Schuldner

Der Kunde K kaufte beim Radiohändler V einen Fernsehapparat zum Preis von 1200,– €. Davon wurden 800,– € sofort anbezahlt; der Rest sollte bis in etwa vier Wochen nach Anschluss des Apparates beglichen werden. Jedoch ging dieser Restbetrag nicht ein. Auch blieb ein erstes Schreiben – etwa sechs Wochen nach Anschluss –, in dem freundlich an die Bezahlung erinnert wurde, ohne Antwort. Ein zweites Schreiben schließlich, in dem eine Zahlungsfrist gesetzt wurde, kam mit dem Vermerk zurück: „Empfänger unbekannt verzogen". Das Einwohnermeldeamt konnte nicht helfen. Erst eine Privatdetektei – Kosten 200,– € – ermittelte die neue Anschrift.

Frage: Kann V von K diese 200,– € erstattet verlangen?

Lösung:

Entscheidungsgrundlage: Die Detektivkosten könnten über §§ 280 Abs. 1, 2, 286 Abs. 1 BGB erstattet werden müssen.

Voraussetzungen: Diese Schadensersatzgrundlage setzt voraus:

- Bestehen eines Schuldverhältnisses
- Pflichtverletzung wegen Verzögerung der Leistung
- die der Schuldner zu vertreten hat (§ 280 Abs. 1 Satz 2 BGB)
- Vorliegen der zusätzlichen Voraussetzungen des § 286 BGB, also:
  - Nichterbringen einer geschuldeten Leistung
  - trotz Fälligkeit und
  - trotz Mahnung.

Überprüfung: K hat den geschuldeten Restkaufpreis nicht erbracht.

Diese Kaufpreisforderung sollte etwa vier Wochen nach Anschluss des Fernsehapparates bezahlt werden. Die Forderung war also sicherlich sechs Wochen nach Anschluss fällig. Diese Pflichtverletzung hat ein Schuldner immer zu vertreten, da er bei Geldschulden das Beschaffungsrisiko übernommen hat (§ 276 Abs. 1 BGB).

Problematisch wird aber die weitere Verzugsvoraussetzung, dass die fällige Leistung grundsätzlich auch angemahnt werden muss. Ein Ausnahmefall, wie ihn § 286 Abs. 2 BGB zulässt, in dem Verzug ohne Mahnung eintritt, ist hier nicht gegeben. Die Zeit für die Bezahlung des restlichen Kaufpreises ist nicht kalendermäßig bestimmt. Der Ausgangszeitpunkt – Anschluss des Fernsehapparats – war schon nicht nach Kalender bestimmt; der Endzeitpunkt konnte es damit auch nicht sein. Zudem war die kalendermäßig genannte Zwischenzeit zwischen einem Ereignis und der Leistung nach § 286 Abs. 2 Nr. 2 BGB auch nicht bestimmt; es wurde nur von etwa vier Wochen gesprochen. Es kommt also darauf an, ob die Bezahlung des restlichen Kaufpreises angemahnt worden ist oder nicht. Das erste Schreiben – sechs Wochen nach Anschluss – war seinem Inhalt nach keine Mahnung. Es war keine ernsthafte Zahlungsaufforderung, die irgendwie erkennen ließ, dass ein weiteres Nichtzahlen Folgen haben werde. Das zweite Schreiben war zwar inhaltlich eine Mahnung. Die gesetzte Zahlungsfrist ließ erkennen, dass V nicht länger zuwarten werde. Jedoch, dieses zweite Schreiben erreichte den Schuldner nicht; er war verzogen. Ohne Zugang kann eine Mahnung nicht wirksam werden (§ 130 BGB). Damit wäre Verzug wegen fehlender Mahnung nicht gegeben. Dieses Ergebnis ist unbefriedigend. Die Mehraufwendungen sind allein im Verhalten des säumigen Schuldners begründet. In diesem Fall hilft § 286 Abs. 2 Nr. 4 BGB, denn es liegen besondere Gründe vor, nach denen unter Abwägung der beiderseitigen Interessen der sofortige Eintritt des Verzuges gerechtfertigt ist. K würde sich nämlich zu seinem eigenen früheren Verhalten in Widerspruch setzen (Verbot des venire contra factum proprium), wenn er sich einerseits durch seinen Wohnungswechsel dem Zugang der Mahnung entzieht, sich andererseits anschließend darauf beruft, dass ihm die Mahnung nicht zugegangen sei. Deshalb bedarf es der Mahnung nicht. Die dritte Voraussetzung des Verzugs ist damit erfüllt.

Ergebnis: V kann also die Erstattung der Detektivkosten in Höhe von 200,– € verlangen.

Fall 10

Das Holz kam nicht termingerecht

Das Sägewerk V und das Zimmereiunternehmen K schließen am 1. Juni einen Kaufvertrag, wonach V am 1. Juli 20 cbm Bauholz, Fichte, Güteklasse II, zu einem Preis von 100,– € pro cbm an K zu liefern hat.

Infolge von Fehldispositionen hat V das Holz am 1. Juli und auch später nicht geliefert.

Am 1. August schreibt K dem V, völlig verärgert, folgenden Brief: „… *Sie haben am 1. Juli nicht geliefert. Auch bis heute sind Sie Ihrer Lieferpflicht nicht nachgekommen. Mit dieser Verzögerung haben Sie deutlich gezeigt, dass Sie für mich nicht der richtige Geschäftspartner sind. Aus diesem Grunde bin ich an Ihrer Lieferung nicht mehr interessiert und mache Schadensersatz in Höhe von 5000,– € geltend, und zwar 4000,– € Gewinnausfall sowie 1000,– € nutzlos aufgewendeter Löhne; die betreffenden Arbeiter konnte ich nicht anderweitig einsetzen* …"

Frage: Ist K berechtigt, von V Schadensersatz in Höhe von 5000,– € zu fordern?

Lösung:

Als Anspruchsgrundlagen kommen die §§ 280 Abs. 1, 3, 281 BGB in Betracht. Dabei unterscheidet sich der Schadensersatz statt der Leistung nach § 281 Abs. 1 BGB vom Schadensersatz neben der Leistung nach § 280 Abs. 1 BGB.

Der Schadensersatz statt der Leistung nach § 281 Abs. 1 BGB beinhaltet das positive Interesse. Bei diesem Erfüllungsinteresse ist der Geschädigte so zu stellen, als ob vertragsgemäß abgewickelt worden wäre. Dann hätte K den Gewinn von 4000,– € erzielt. Die 1000,– € hätte K als Arbeitskosten ohnehin aufwenden müssen, um den Gewinn zu machen. Das positive Interesse beträgt somit 4000,– €.

Nach §§ 280 Abs. 1, 2, 286 BGB ist hingegen der Schaden zu ersetzen, der durch die Verzögerung entstanden ist. Dies sind hier die 1000,– €, die K an seine Arbeiter zahlte, ohne dafür eine Gegenleistung zu erlangen. Die 4000,– € können aber nicht nach §§ 280 Abs. 1, 2, 286 BGB verlangt werden, denn mit dem Holz, das V nach wie vor zu liefern hat, kann K auch jetzt noch den Gewinn von 4000,– € erzielen.

1. Entscheidungsgrundlage: Zunächst ist zu prüfen, ob K einen Schadensersatzanspruch auf §§ 280 Abs. 1, 3, 281 BGB stützen kann. Voraussetzungen: Die Rechtsvoraussetzungen für diesen Schadensersatz statt der Leistung in Höhe von 4000,– € sind:

- Bestehen eines Schuldverhältnisses
- Pflichtverletzung durch Nichterbringung der Leistung
- bei Vertretenmüssen des Schuldners (§ 280 Abs. 1 Satz 2 BGB)
- Voraussetzungen des § 281 Abs. 1, 2 BGB
  - Bestimmen einer angemessenen Frist durch den Gläubiger
  - keine Leistung während der Frist.

Überprüfung: Durch den Kaufvertrag wurde ein Schuldverhältnis zwischen K und V begründet. V ist verpflichtet, K Eigentum und Besitz am Holz zu verschaffen. Die Pflichtverletzung des V lag darin, dass er das Holz nicht vereinbarungsgemäß zum Fälligkeitstermin am 1. Juli lieferte.

V hat dies zu vertreten; seine Fehldispositionen stellen Fahrlässigkeit dar (§ 276 Abs. 2 BGB).

K hat jedoch vom 1. Juli bis 1. August geschwiegen. Er hat dem V keine Frist zur Lieferung gesetzt. Es sind hier auch keinerlei Anhaltspunkte erkennbar, die eine Fristsetzung entbehrlich machen könnten (§ 281 Abs. 2 BGB).

Ergebnis: Da somit die Voraussetzung des § 281 Abs. 1 BGB fehlt, ist K nicht berechtigt, von V 4000,– € Schadensersatz zu verlangen.

2. Entscheidungsgrundlage: Weiterhin ist zu untersuchen, ob ein Schadensersatzanspruch aus §§ 280 Abs. 1, 2, 286 BGB hergeleitet werden kann, wonach lediglich 1000,– € berechtigt sind.

Voraussetzungen: Diese Vorschrift verlangt:

- Bestehen eines Schuldverhältnisses
- Pflichtverletzung wegen Verzögerung der Leistung
- die der Schuldner zu vertreten hat (§ 280 Abs. 1 Satz 2 BGB)
- Vorliegen der zusätzlichen Voraussetzungen des § 286 BGB, also
  - Nichterbringen einer geschuldeten Leistung
  - trotz Fälligkeit und
  - trotz Mahnung.

Überprüfung: Das Vorliegen der ersten drei Voraussetzungen wurde bereits oben dargestellt.

Die Lieferung war zum 1. Juli fällig. Eine Mahnung brauchte hier ausnahmsweise nicht zu erfolgen, denn die Lieferzeit war nach dem Kalender bestimmt (§ 286 Abs. 2 Nr. 1 BGB). V hat die Verzögerung zu vertreten; seine Fehldispositionen stellen Fahrlässigkeit dar (§ 276 Abs. 2 BGB).

Ergebnis: Da somit alle Voraussetzungen erfüllt sind, ist K berechtigt, von V Schadensersatz in Höhe von 1000,– € zu verlangen. Ein weiterer Schadensersatzanspruch steht ihm nicht zu.

Fall 11

Der Hausbock im Gebälk

K erwarb im Mai ein frei gelegenes Bauernhaus, das er zu seinem Wochenendquartier herrichten wollte. Der Zimmermann, der zu einer Baubesprechung zugezogen wurde, entdeckte jedoch fast zufällig, dass das Gebälk dieses Bauernhauses vom Hausbock befallen ist. Genauere Untersuchungen eines Architekten ergaben, dass dieser Schädling schon in größerem Umfang und mindestens seit einem Jahr das Holz zerfressen hat. K teilte das sogleich – nämlich im September – seinem Verkäufer mit und fordert ihn auf, den Mangel zu beseitigen. V verweigert das. Anschließend erklärt K, dass er die ihm entstehenden Handwerkerkosten ersetzt verlangen werde. Den Betrag werde er im Einzelnen benennen, sobald die Handwerker, vor allem Zimmermann und Dachdecker, ihm gegenüber abgerechnet hätten.

Frage 1: Ist K's Forderung berechtigt?
Frage 2: Wenn nicht, stehen K dann andere Rechte zu?

Lösung Frage 1:

Entscheidungsgrundlage: K verlangt der Sache nach Schadensersatz für die Handwerkerkosten, das Haus will er behalten. Allerdings ist V verpflichtet, das Haus ohne Mängel zu übertragen. Er hat den Mangel – Hausbock – nicht beseitigt, also nicht nacherfüllt (§§ 437 Nr. 1, 439 BGB). Deswegen verlangt K Schadensersatz statt der Nacherfüllung. Als Anspruchsgrundlage kommt hierfür §§ 437 Nr. 3, 280 Abs. 1, 2, 281 BGB in Frage.

Voraussetzungen: Die Rechtsvoraussetzungen für diesen Schadensersatz statt der Leistung sind:

- Bestehen eines Kaufvertrages
- Mangel der Sache
- den der Verkäufer zu vertreten hat (§ 280 Abs. 1 Satz 2 BGB)
- kein Haftungsausschluss
- Vorliegen der zusätzlichen Voraussetzungen des § 281 BGB, also
  - fällige Leistung
  - nicht wie geschuldet erbracht
  - bestimmen einer angemessenen Frist zur Nacherfüllung
  - keine Nacherfüllung innerhalb der Frist

Überprüfung: Ein Kaufvertrag liegt vor. Das Ungeziefer im Gebälk entspricht nicht der Beschaffenheit, die ein Käufer eines wenn auch älteren Gebäudes üblicherweise erwarten kann. Hausbock beeinträchtigt die Funktionsfähigkeit und es besteht die Gefahr, dass das Dach über dem Kopf des K zusammenbricht. Damit liegt ein Mangel nach § 434 Abs. 1 Nr. 2 BGB vor. Der Mangel war bereits bei Gefahrübergang (§ 446 BGB) – der Übergabe des Grundstücks – vorhanden.

K kannte bei Vertragsabschluss den Mangel nicht (§ 442 BGB).

Der Verkäufer muss die Pflichtverletzung zu vertreten haben. Aus der negativen Formulierung des § 280 Abs. 1 Satz 2 BGB ergibt sich, dass der Schuldner V sich entlasten muss. Das wird ihm gelingen, weil der Mangel nur zufällig von einem Fachmann entdeckt wurde und deswegen keine Fahrlässigkeit des V nach § 276 Abs. 2 BGB vorliegt.

Ergebnis: Schadensersatz aus §§ 437 Nr. 3, 280 Abs. 1, 3, 281 BGB ist also nicht begründet.

Lösung Frage 2:

Entscheidungsgrundlage: Das Recht zum Rücktritt könnte sich aus § 437 Nr. 2 BGB ergeben.

Voraussetzungen: § 437 Nr. 2 BGB geht von folgenden Kriterien aus:

- Bestehen eines Kaufvertrages
- Mangel der Sache
- kein Haftungsausschluss
- Vorliegen der Voraussetzungen des § 323 BGB, nämlich
  - Bestimmen einer angemessenen Frist zur Nacherfüllung
  - erfolgloser Fristablauf
  - Erheblichkeit der Pflichtverletzung (§ 323 Abs. 5 Satz 2 BGB)

Überprüfung: Die ersten drei Voraussetzungen sind nach der Prüfung der Frage 1 gegeben. Die angemessene Frist zur Nacherfüllung ist nicht erforderlich, weil V sich nach § 323 Abs. 2 Nr. 1 BGB geweigert hat. Hausbock ist eine erhebliche Pflichtverletzung, weil das Haus so nicht dauerhaft bewohnt werden kann. Verschulden des V ist hier nicht erforderlich.

Die gleichen Voraussetzungen gelten nach § 441 BGB für die Minderung, allerdings ist hier nach § 441 Abs. 1 Satz 2 BGB nicht erforderlich, dass eine erhebliche Pflichtverletzung vorliegt.

Ergebnis: Der Käufer kann vom Vertrag zurücktreten oder den Kaufpreis mindern.

Fall 12

Eine verzögerte Nachbesserung

Mühlenbesitzer K hat bei dem Maschinenhändler V eine vollautomatische Verpackungsmaschine gekauft. Die gelieferte Maschine arbeitet sehr unregelmäßig. K teilt das am 1.7. der V mit. Diese schickt einen Kundendienstingenieur vorbei, der jedoch die Ursache nicht findet.

K erleidet durch die schlechte Arbeitsweise der Maschine erhebliche Produktionsausfälle. Er fordert deshalb schriftlich die V auf, endlich den Mangel zu beseitigen, sonst sei ein Prozess unvermeidlich. Dieses Schreiben geht am 1.9. bei V ein. V schickt in der Folgezeit mehrfach ihre Mechaniker und Ingenieure vorbei, bis schließlich am 1.11. festgestellt wird, dass der Kompressor zu schwach ist. Nach erfolgtem Austausch gegen einen stärkeren Kompressor arbeitet die Maschine einwandfrei.

K verlangt für die Zeit vom 1.7. bis 1.11. monatlich je 5000,– € Schadensersatz. V lehnt dies ab.

Frage: Ist K berechtigt, von V 20 000,– € Schadensersatz zu verlangen?

Lösung:

1. Entscheidungsgrundlage: Ein Schadensersatzanspruch könnte auf § 280 Abs. 1 BGB gestützt werden.

Voraussetzungen: Diese Vorschrift setzt voraus:

- Bestehen eines Schuldverhältnisses
- Pflichtverletzung
- die der Schuldner zu vertreten hat (§ 280 Abs. 1 Satz 2 BGB)

Überprüfung: Zwischen V und K besteht ein Schuldverhältnis, nämlich ein Kaufvertrag.

V hat nach § 433 Abs. 1 Satz 2 BGB die Pflicht, dem K eine Sache frei von Sachmängeln zu verschaffen. Die gelieferte Maschine hatte einen Sachmangel i.S. des § 434 Abs. 1 Nr. 2 BGB. Da sie sehr unregelmäßig arbeitete, eignete sie sich nicht für die gewöhnliche Verwendung, die ein Käufer einer derartigen Sache üblicherweise erwarten kann. Die gelieferte Maschine hat bereits bei Gefahrübergang, nämlich bei der Übergabe (§ 446 BGB), einen Sachmangel.

V hat diese Pflichtverletzung nach § 276 Abs. 1 BGB zu vertreten, wenn er vorsätzlich oder fahrlässig den Mangel verursacht hat. Vorsatz liegt nicht vor. V hat auch nicht die Verkehr erforderliche Sorgfalt außer Acht gelassen (§ 276 Abs. 2 BGB), denn er ist als Händler nicht verpflichtet, die ihm gelieferte Verpackungsmaschine auf Mängel zu überprüfen.

Daher kommt ein Schadensersatzanspruch aus § 280 Abs. 1 BGB nicht in Betracht.

2. Entscheidungsgrundlage: Ein Schadensersatzanspruch könnte auf §§ 280 Abs. 1, 2, 286 BGB gestützt werden.

Voraussetzungen: Diese Vorschriften setzen voraus:

- Bestehen eines Schuldverhältnisses
- Pflichtverletzung wegen Verzögerung der Leistung
- die der Schuldner zu vertreten hat (§ 280 Abs. 1 Satz 2 BGB)
- Vorliegen der zusätzlichen Voraussetzungen des § 286 BGB, also
  - Nichterbringen einer geschuldeten Leistung
  - trotz Fälligkeit und
  - trotz Mahnung.

Überprüfung: Zwischen V und K besteht ein Schuldverhältnis und die Sache hatte – wie oben geprüft – einen Sachmangel.

K war daher nach §§ 437 Nr. 1, 439 Abs. 1 BGB berechtigt, Nacherfüllung zu verlangen. Dies hat er hier getan, als er am 1.7. von V die Mängelbeseitigung forderte. V hat diese Leistung verzögert, da sie den Mangel erst 4 Monate ab Lieferung, nämlich am 1.11., beseitigte.

V hat die Verzögerung bei der Behebung des Mangels zu vertreten. Ein Maschinenhändler muss jederzeit in der Lage sein, auftretende Mängel der Kaufsache zu beheben. Wenn die Kundendienstleute der V den Mangel zunächst nicht fanden, haben sie die Maschine nicht gründlich genug untersucht und damit fahrlässig gehandelt (§ 276 Abs. 2 BGB). Für dieses Verschulden ihrer Erfüllungsgehilfen muss V einstehen (§ 278 BGB).

Es bleibt zu prüfen, ob die Voraussetzungen des § 286 BGB für den Verzug vorliegen. V hat die geschuldete Leistung, nämlich Mängelbeseitigung, zunächst nicht erbracht, wie oben dargelegt. Diese Pflicht war mangels einer anderen Vereinbarung sofort fällig (§ 271 BGB).

Für eine Mahnung ist erforderlich, dass dem Schuldner eindeutig klargemacht wird, dass das Ausbleiben der Leistung für ihn nachteilige Folgen haben wird. Eine bloße Mitteilung wie das Schreiben vom 1.7. ist daher keine Mahnung. Dagegen ist der zweite, mit einer Prozessandrohung verbundene Brief als Mahnung anzusehen.

V war daher seit dem 1.9. mit ihrer Nachbesserungspflicht im Verzug.

Ergebnis: K kann also für die Monate September/Oktober Schadensersatz verlangen, nicht aber für die Monate Juli/August. Er bekommt somit nur 10 000,– €.

Fall 13

Die unfallfreie BMW 500

Der Gebrauchtwagenhändler V verkaufte und übergab am 15. Januar 2010 an den Verbraucher K ein gebrauchtes Motorrad BMW 500 mit dem Hinweis: „unfallfrei". Außerdem wird durch die vereinbarten Allgemeine Geschäftsbedingungen des V die Gewährleistung auf ein Jahr begrenzt. Am 20. März 2011 stellt sich anlässlich einer Motorreparatur heraus, dass das BMW-Motorrad einen Unfallschaden hatte. Dieser Schaden war weder V noch K bekannt.

Frage 1: Kann K Ende März 2011 vom Kaufvertrag zurücktreten?
Frage 2: Kann er das auch noch, wenn V sich auf Verjährung beruft?

Lösung Frage 1:

Entscheidungsgrundlage: K könnte nach § 437 Nr. 2 BGB zurücktreten.

Voraussetzungen: Diese Vorschrift verlangt:

- Bestehen eines Kaufvertrages
- Mangel der Sache
- kein Haftungsausschluss
- Vorliegen der Voraussetzungen des § 323 BGB, nämlich
  - Bestimmen einer angemessenen Frist zur Nacherfüllung
  - erfolgloser Fristablauf
  - Erheblichkeit der Pflichtverletzung (§ 323 Abs. 5 Satz 2 BGB).

Überprüfung: Nach § 437 Nr. 2 BGB kann K vom Kaufvertrag zurücktreten, wenn die BMW bei Gefahrübergang nicht die vereinbarte Beschaffenheit (§ 434 Abs. 1 Satz 1 BGB) hatte. Die BMW war bei der Übergabe an K nicht unfallfrei, daher fehlt die vereinbarte Beschaffenheit. Davon hatte K keine Kenntnis (§ 442 BGB).

Die Voraussetzungen des § 323 Abs. 1 BGB fordern, dass eine angemessene Frist zur Nacherfüllung gesetzt wird. Dies ist aber nicht notwendig, wenn die Voraussetzungen des § 326 Abs. 5 BGB vorliegen. Erforderlich ist, dass V von der Pflicht zur sachmangelfreien Leistung nach § 275 Abs. 1 BGB befreit wurde. Da die BMW einen Unfall gehabt hat, der nicht wieder beseitigt werden kann, ist V von der Pflicht zur sachmangelfreien Leistung befreit. Deswegen braucht K keine Frist zu setzen. Die Pflichtverletzung durch V ist nach § 323 Abs. 5 Satz 2 BGB nicht unerheblich.

Ergebnis: Wenn also K den Rücktritt erklärt (§ 349 BGB), dann kann er die Rückzahlung des Kaufpreises nach § 346 BGB verlangen; er muss allerdings Zug um Zug die BMW an V zurückübereignen.

Lösung Frage 2:

Entscheidungsgrundlage: Ein erfolgreiches Berufen des V auf die Verjährung würde ihm ein Leistungsverweigerungsrecht einräumen (§ 214 BGB).

Voraussetzungen: Die Verjährung setzt voraus:
- Bestehen eines Anspruchs (§ 194 Abs. 1 BGB)
- Ablauf der Verjährungsfrist (§ 438 BGB)
- keine Verjährungshemmung (§§ 203 ff. BGB)
- kein Neubeginn der Verjährung (§ 212 BGB).

Überprüfung: Der Rücktritt des K ist kein Anspruch, sondern ein Gestaltungsrecht und verjährt daher nicht. Nach § 438 Abs. 4 Satz 1 BGB ist gemäß § 218 BGB der Rücktritt aber nicht möglich, wenn der Nacherfüllungsanspruch verjährt ist und sich V hierauf beruft. Ein solcher Nacherfüllungsanspruch besteht hier jedoch wegen § 275 Abs. 1 BGB nicht, weil der Unfall nicht rückgängig gemacht werden kann. § 218 BGB schreibt aber vor, die Verjährung eines hypothetischen Nacherfüllungsanspruchs zu prüfen.

Nach § 438 Abs. 1 Nr. 3 BGB beträgt die gesetzliche Verjährungsfrist für den Nacherfüllungsanspruch 2 Jahre seit Ablieferung (§ 438 Abs. 2 BGB) des Motorrades an K. Diese Frist ist im März 2011 noch nicht abgelaufen.

Allerdings könnte die Verjährungsfrist durch die AGB-Klausel „Gewährleistung 1 Jahr" verkürzt worden sein. Eine Verkürzung könnte sich ergeben aus:
- §§ 202, 444 BGB
- aus der Regelung über den Verbrauchsgüterkauf
- nach den Vorschriften über die Allgemeinen Geschäftsbedingungen.

Eine Verkürzung der Verjährung ist nach § 202 BGB zulässig, weil Vorsatz des V nicht vorliegt. V hat den Mangel nicht arglistig verschwiegen. Er hat auch keine Garantie übernommen, denn ein bloßer Hinweis auf „unfallfrei" ist nicht als Garantieübernahme anzusehen. Daher ist die Verkürzung der Verjährung auch nicht nach § 444 BGB unzulässig.

Da V als Unternehmer an K als Verbraucher eine bewegliche Sache verkauft hat, sind hier die besonderen Vorschriften des Verbrauchsgüterkaufs nach §§ 474 ff. BGB zu berücksichtigen. Nach § 475 Abs. 2 BGB ist bei gebrauchten Sachen eine einjährige Verjährung zulässig.

Allerdings könnte sich etwas anderes ergeben, weil die Verjährungsverkürzung in den AGBs des V und nicht individuell vereinbart ist. Es sind also die Vorschriften über die AGB zu prüfen. Nach dem Fall liegen in den Vertrag einbezogene Allgemeine Geschäftsbedingungen vor (§§ 305, 310 Abs. 3 Nr. 1 BGB), Einbeziehungshindernisse nach den §§ 305b und 305c BGB sind nicht gegeben. Im Rahmen der inhaltlichen Überprüfung verweist § 475 Abs. 3 BGB auf die §§ 307 bis 309 BGB. Nach § 309 Nr. 7b BGB sind die die Verjährung verkürzenden Klauseln unwirksam, wenn sie Vermögensschäden betreffen, die auf grobem Verschulden des Verwenders beruhen. Die AGB-

Klausel des V hätte also um wirksam zu sein, sich auf leichte Fahrlässigkeit beziehen müssen. Mangels dieser Differenzierung ist die Verjährungsklausel unwirksam, der Vertrag bleibt aber dennoch wirksam (§ 306 Abs. 1 BGB). Anstelle der unwirksamen Klausel gilt das dispositive Gesetzesrecht (§ 306 Abs. 2 BGB).

Die Verkürzung der Verjährung ist also unwirksam.

Eine Hemmung oder ein Neubeginn liegen nicht vor.

Damit läuft die Verjährung bis zum 15. Januar 2012.

Ergebnis: Der Anspruch auf Nacherfüllung ist nicht verjährt, der Rücktritt Ende März 2011 ist damit wirksam.

Fall 14

Ein später Rückzieher

E war Eigentümer eines Bauplatzes, an dem sein Nachbar N großes Interesse hatte. N hatte E wiederholt vergeblich bestürmt, ihm das Grundstück zu verkaufen. Bei einem erneuten Versuch aber zeigte sich E bereit und erklärte dem N: „Also gut, ich verkaufe Ihnen den Bauplatz für 300,– € pro Quadratmeter." N war hoch erfreut, sagte sofort zu und trank mit E eine Flasche Sekt auf das Grundstücksgeschäft.

Drei Tage später teilte E dem N mit, er habe für den 26.7. um 9 Uhr einen Beurkundungstermin beim Notar X vereinbart.

Unmittelbar danach beauftragte N einen Architekten mit der Bauplanung und verhandelte mit der Volksbank, wo er einen Finanzierungs-Vorvertrag abschloss.

Am 25.7. teilte E dem N telefonisch mit, er müsse vom Kaufvertrag „leider Abstand nehmen", weil sein Sohn das Grundstück selbst bebauen wolle. Den Notartermin habe er schon abgesagt. Dies sei endgültig.

N hat inzwischen 5000,– € für Architekten- und Finanzierungskosten aufgewendet. Für den Erwerb eines vergleichbaren Grundstücks müsste er 30 000,– € mehr aufwenden.

Frage 1: Hat N gegen E einen Anspruch auf Übereignung des Grundstücks?
Frage 2: Hat er einen Anspruch auf Schadensersatz, gegebenenfalls in welcher Höhe?

Lösung Frage 1:

Entscheidungsgrundlage ist § 433 Abs. 1 BGB.

Voraussetzung ist ein gültiger Kaufvertrag über den Bauplatz.

Überprüfung: E und N haben sich zwar mündlich über das Kaufobjekt und den Kaufpreis geeinigt. Der Kaufvertrag über das Grundstück bedurfte aber nach § 311b Abs. 1 BGB der Beurkundung durch einen Notar. Diese ist nicht erfolgt. Die mündliche Vereinbarung ist nichtig, § 125 S. 1 BGB.

Ergebnis: N hat keinen Anspruch auf Übereignung des Bauplatzes.

Lösung Frage 2:

Entscheidungsgrundlage: Ein Anspruch auf die 30 000,– € Mehrkosten scheidet hier von vornherein aus. Dies wäre nämlich Schadensersatz statt der Leistung wegen nicht erbrachter Leistung nach §§ 280 Abs. 1, 3, 281 BGB. Vorausgesetzt wird also eine Leistungspflicht, hier die Übereignung des Grundstücks. Eine solche Pflicht bestand aber für E nicht, weil, wie bereits bei der Lösung der 1. Frage dargelegt, kein formgültiger Kaufvertrag abgeschlossen wurde. Dagegen kommt ein Ersatzanspruch für die nutzlos aufgewendeten 5000,– € in Betracht. Als Anspruchsgrundlagen bieten sich §§ 280 Abs. 1, 311 Abs. 2 BGB an.

Voraussetzungen: Diese Vorschriften verlangen:

- Bestehen eines Schuldverhältnisses,
- Pflichtverletzung,
- die der Schuldner zu vertreten hat.

Überprüfung: Ein gültiger Kaufvertrag besteht nicht. Aber gemäß § 311 Abs. 2 Nr. 1 BGB entsteht bereits durch die Aufnahme von Vertragsverhandlungen ein Schuldverhältnis mit Pflichten nach § 241 Abs. 2 BGB. Das bedeutet, dass jeder der beiden Vertragspartner auf die Rechte und Interessen des anderen Teils Rücksicht nehmen muss.

E hat dem N zugesagt, ihm das Grundstück zu verkaufen. Er hat bei N das Vertrauen erweckt, es werde mit Sicherheit zum formgültigen Abschluss des Grundstückskaufvertrages kommen, zumal bereits ein Beurkundungstermin mit dem Notar vereinbart wurde. Dies könnte es rechtfertigen, dem N einen Schadensersatzanspruch wegen seiner nutzlos aufgewendeten Kosten zuzubilligen.

Zu beachten ist hier aber die Besonderheit, dass für das in Aussicht gestellte Immobiliengeschäft notarielle Beurkundung erforderlich ist. Diese Norm soll sicherstellen, dass ohne Beachtung der notariellen Form keine Bindung zwischen den Beteiligten entsteht. Eine solche Bindungswirkung darf aber auch nicht faktisch erreicht werden, indem etwa der Abbruch von Vertragsverhandlungen eine Schadensersatzpflicht auslöst. Daher kommt bei formpflichtigen Geschäften eine Schadensersatzpflicht im vorvertraglichen Verhältnis nur dann - ausnahmsweise - in Betracht, wenn es sich um besonders schwerwiegende vorsätzliche Treuepflichtverletzungen handelt (z.B. Vorspiegeln einer nicht vorhandenen Abschlussbereitschaft oder späteres Abrücken von der Abschlussbereitschaft, ohne dies zu offenbaren, vgl. BGH NJW 1996, 1884). Ein derart vorsätzliches Handeln auf Seiten des E liegt hier nicht vor. Daher scheidet eine Schadensersatzpflicht des E aus.

Ergebnis: Der Schadensersatzanspruch in Höhe von 5000,– € ist nicht begründet.

Fall 15

Der vergessene Hydrant

Bauherr B ließ die Gipserarbeiten an seinem Neubau durch das Gipsergeschäft des G durchführen.

Der langjährige, stets zuverlässige Vorarbeiter X leitete – immer wieder einmal von G kontrolliert – die Baustelle. Sein Bautrupp ließ an einem Freitag den von ihm angeschlossenen Hydranten vor dem Baugrundstück ungesichert mitten auf der Baustraße stehen.

B, der noch Freitagnacht nach dem Baufortschritt sehen wollte, bemerkte dieses Hindernis zu spät und fuhr auf den Hydranten auf. Sein Pkw wurde beschädigt, und er selbst erlitt erhebliche Verletzungen, obwohl er angegurtet war.

Frage: Ist B berechtigt, von G Schadensersatz einschließlich Schmerzensgeld zu verlangen?

Lösung:

B könnte seine Ansprüche auf Vertragsverletzung und auf unerlaubte Handlung stützen.

1. Entscheidungsgrundlage: Anspruchsgrundlage wegen Pflichtverletzung ist § 280 Abs. 1 BGB.

Voraussetzungen: Hierfür wird vorausgesetzt:
- Bestehen eines Schuldverhältnisses
- eine Pflichtverletzung,
- die der Schuldner zu vertreten hat.

Überprüfung: Der Werkvertrag zwischen dem Gipsergeschäft G und dem Bauherrn B begründet nicht nur die in §§ 631 Abs. 1, 633 Abs. 1 BGB aufgeführte Hauptleistungspflicht, die Gipserarbeiten ordnungsgemäß durchzuführen, sondern nach § 241 Abs. 2 BGB auch Nebenpflichten. Dazu gehört es, dafür zu sorgen, dass B auf der Zufahrt zu seinem Grundstück keinen Schaden an Körper, Gesundheit und Eigentum erleidet.

Gegen diese Pflicht wurde verstoßen, denn vor dem Grundstück des B stand der Hydrant völlig ungesichert auf der Baustraße.

G hatte dies nicht nach § 276 Abs. 1 BGB zu vertreten, da er ja nicht selbst den Hydranten ungesichert stehen ließ, sondern X, dem dies als Vorarbeiter oblag. Ob G hierfür einzustehen hat, beurteilt sich nach § 278 BGB. Dort wird gefordert,
- dass für G eine Verbindlichkeit besteht,
- dass er sich zu deren Erfüllung eines anderen bedient,
- dass dieser Erfüllungsgehilfe sich bei der Erfüllungstätigkeit schuldhaft verhalten hat.

Die Verbindlichkeit ist die bereits erwähnte Nebenpflicht, die Schutzpflicht für Körper, Gesundheit und Eigentum des B.

Diese muss auch X beachten, nachdem er von G zur Leitung der Baustelle eingesetzt worden ist. G hat sich des X auch in Bezug auf diese Nebenpflicht bedient.

X hat sich hierbei schuldhaft verhalten. Wer vor einer Baustelle auf einer Baustraße einen Hydranten nicht abbaut oder sichert, lässt die im Verkehr erforderliche Sorgfalt außer acht und handelt somit fahrlässig, § 276 Abs. 2 BGB.

G hat also nach § 278 BGB das Verschulden des X wie eigenes Verschulden zu vertreten. Somit ist auch die dritte Voraussetzung erfüllt.

Der Schaden des B ergibt sich aus dem Sachverhalt.

Ergebnis: G ist also zum Ersatz des Personen- und Sachschadens verpflichtet.

Schmerzensgeld muss G auch zahlen, wenn er Pflichten aus dem Schuldverhältnis verletzt. Es handelt sich insoweit um einen immateriellen Schaden, für den Schadensersatz in Geld verlangt werden kann (§ 253 Abs. 2 BGB).

Der zu ersetzende materielle und immaterielle Schaden wird durch ein Mitverschulden des B bei der Entstehung des Schadens gemindert (§ 254 Abs. 1 BGB), denn bei entsprechender Aufmerksamkeit hätte er den Hydranten wahrnehmen müssen.

2. Entscheidungsgrundlage: Als deliktische Anspruchsgrundlage bietet sich § 831 BGB an.

Voraussetzungen: Die Haftung nach § 831 Abs. 1 BGB ist an folgende Voraussetzungen geknüpft:
- Bestellung eines anderen zu einer Verrichtung
- Schädigung eines Dritten durch den Verrichtungsgehilfen
- bei Ausführung der übertragenen Verrichtung
- in widerrechtlicher Weise
- keine Exkulpation nach § 831 Abs. 1 Satz 2 BGB.

Überprüfung: G hat den X dazu bestellt, die Baustelle zu leiten. Dazu gehört es auch, für Abbau oder Sicherung des Hydranten vor der Baustelle auf der Baustraße Sorge zu tragen.

Dies tat X nicht und war damit ursächlich dafür, dass B an Körper, Gesundheit und Eigentum Schaden erlitt. Damit hat X absolut geschützte Rechtsgüter des B im Sinne des § 823 Abs. 1 BGB verletzt.

Dies geschah in Ausführung der dem X übertragenen Verrichtung, da die Sicherung des Zuganges zum Grundstück zur Baustellenleitung gehört.

X hat widerrechtlich gehandelt, da er keinen Rechtfertigungsgrund für die Verletzung des B hatte. Auf ein Verschulden des X kommt es hier, anders als bei § 278 BGB, nicht an.

Um sich zu exkulpieren, muss G nach § 831 Abs. 1 Satz 2 BGB beweisen,
- dass er bei der Auswahl des Verrichtungsgehilfen
- und bei der Bereitstellung von Gerätschaften
- und bei der Überwachung der übertragenen Verrichtung

die im Verkehr erforderliche Sorgfalt beobachtet hat.

X ist ein langjähriger, stets zuverlässiger Arbeitnehmer. Ein Verschulden des G bei der Auswahl lag daher nicht vor.

Gerätschaften brauchten hier nicht bereitgestellt zu werden.

Eine dauernde Überwachung eines langjährigen, zuverlässigen Vorarbeiters war nicht erforderlich. Eine immer wieder einmal erfolgte Kontrolle war hier ausreichend.

Ergebnis: Bei den nicht allzu hohen Anforderungen, die die Gerichtspraxis an den Entlastungsbeweis stellt, ist anzunehmen, dass G sich exkulpieren kann. Eine Ersatzpflicht des G nach § 831 BGB besteht daher nicht.

Fall 16

Ein Produktfehler mit Folgen

A erlitt mit seinem neu gekauften PKW, einem japanischen Modell, nach drei Monaten einen schweren Unfall. Der PKW sackte auf gerader Strecke plötzlich hinten ab, geriet ins Schleudern und überschlug sich. A wurde erheblich verletzt; er lag zwei Monate im Krankenhaus. Der PKW war nahezu total beschädigt.

Ein Sachverständigengutachten ergab: Der Unfall ist auf einen Bruch der hinteren Schubstrebe zurückzuführen. Diese hat Risse aufgewiesen, die auf einen Bearbeitungsfehler – Schmieden bei zu niedriger Temperatur – zurückgehen. Die Risse hätten bei einer Untersuchung im Wege magnetischer Flutung festgestellt werden können.

A möchte wegen des Unfallschadens – hoher PKW-Schaden, von der Versicherung nicht gedeckte Arzt- und Krankenhauskosten, Schmerzensgeld – keinen Rechtsstreit in Japan gegen das Herstellerwerk D führen. Ihn interessiert daher, ob und welche Geldansprüche ihm gegen Firmen zustehen, die in der Bundesrepublik Deutschland ansässig sind, nämlich

Frage 1: die Einzelfirma B, bei der A den PKW gekauft hat;
Frage 2: die Vertriebs-GmbH C, die das japanische Modell importiert hat.

Lösung Frage 1:

Geldansprüche des A gegen das Autohaus B, das allein als Händler und nicht als Hersteller oder Quasi-Hersteller beteiligt war, könnten sich aus § 437 BGB ergeben. Danach kann A wählen, ob er Rücktritt, Minderung, Ersatz vergeblicher Aufwendungen oder Schadensersatz verlangt. Den Ersatz vergeblicher Aufwendungen verlangt A nicht.

1. Entscheidungsgrundlage: A könnte gemäß § 437 Nr. 2 BGB vom Kaufvertrag zurücktreten. Rechtsfolge des Rücktritt wäre es, dass A nach § 346 BGB den Kaufpreis zurückverlangen kann.

Voraussetzungen: § 437 Nr. 2 BGB verweist auf § 323 BGB. Danach ist ein Rücktritt möglich, wenn folgende Voraussetzungen vorliegen:

- Bestehen eines Kaufvertrages
- Mangel der Sache
- kein Haftungsausschluss
- Vorliegen der Voraussetzungen des § 323 BGB, nämlich
  - Bestimmen einer angemessenen Frist zur Nacherfüllung
  - erfolgloser Fristablauf
  - Erheblichkeit der Pflichtverletzung (§ 323 Abs. 5 Satz 2 BGB).

Überprüfung: Ein Kaufvertrag wurde geschlossen. Der gekaufte PKW hatte einen Sachmangel. Er eignete sich nach § 434 Abs. 1 Nr. 2 BGB nicht für die gewöhnliche Verwendung. Der Käufer A durfte bei Übergabe des PKW erwarten, dass sein PKW so wenig gefahrenträchtig ist wie ein normaler Neuwagen.

Kenntnis vom Mangel hatte der Käufer bei Vertragsschluss nicht.

A hat aber keine Frist zur Nacherfüllung gesetzt. Die Fristsetzung ist nach § 323 Abs. 2 Nr. 3 BGB entbehrlich, wenn besondere Umstände vorliegen, die den sofortigen Rücktritt rechtfertigen. Eine Frist zur Nacherfüllung ist hier zwecklos, weil kein Interesse des A an der Nacherfüllung besteht, da sein Vertrauen auf dieses Fahrzeug wegen Art und Schwere des Unfalls erschüttert ist.

Die Pflichtverletzung ist erheblich, weil der PKW nicht benutzt werden kann.

Ergebnis: Also kann A zurücktreten und bekommt dann den Kaufpreis zurück (§ 346 BGB). Er hat damit nur einen Ausgleich für das mangelhafte Auto, nicht aber für Schäden an anderen Rechtsgütern wie seine körperliche Unversehrtheit.

2. Entscheidungsgrundlage: A könnte gemäß § 437 Nr. 2 BGB vom Autohaus B Minderung verlangen.

Voraussetzungen: § 437 Nr. 2 BGB verweist für die Minderung auf § 441 BGB, dort tritt die Minderung anstelle des Rücktritts. Es gelten also die oben geschilderten Voraussetzungen, aber die Pflichtverletzung braucht nicht erheblich zu sein.

Überprüfung: Die Voraussetzungen sind – wie oben überprüft – gegeben.

Ergebnis: Der Käufer A kann den Kaufpreis mindern.

3. Entscheidungsgrundlage: A verlangt Schadensersatz nach § 437 Nr. 3 BGB. § 437 Nr. 3 BGB verweist auf § 280 BGB oder auf § 281 BGB. Schadensersatz nach § 281 BGB wird statt der Leistung, hier Lieferung des PKW, gewährt. Darum geht es dem A nicht, er will vielmehr den durch die mangelhafte Lieferung entstandenen Schaden am PKW und die von der Versicherung nicht gedeckten Arzt- und Krankenhauskosten ersetzt bekommen. Dafür kommt § 280 BGB in Betracht.

Voraussetzungen: § 437 Nr. 3 BGB verlangt:

- Bestehen eines Kaufvertrages
- Mangel der Sache
- kein Haftungsausschluss
- Vorliegen der Voraussetzungen des § 280 BGB, nämlich
  - Pflichtverletzung durch Lieferung einer mangelhaften Sache
  - die der Verkäufer zu vertreten hat.

Überprüfung: Die drei ersten Voraussetzungen liegen nach Prüfung zur ersten Entscheidungsgrundlage vor.

Der Inhaber der Einzelfirma B hat also durch die Lieferung des mangelhaften PKW eine Pflicht verletzt. Ihm kann aber kein Verschulden nach § 276 BGB vorgeworfen werden. B ist bloßer Händler; eine umfassende Materialprüfung ist einem Händler nicht möglich und nicht zuzumuten. Es bleibt § 278 BGB. Das Herstellerwerk D in Japan handelte fahrlässig; der Bearbeitungsfehler – zu niedrige Temperatur beim Schmieden – hätte schon nicht passieren dürfen, auf jeden Fall hätte er durch eine genaue Materialkontrolle entdeckt werden müssen. Dieses Verschulden muss sich aber das Autohaus

B nicht anrechnen lassen. Der Produzent ist nicht Erfüllungsgehilfe des Händlers. Ein Händler ist nicht zur Herstellung der Kaufsache verpflichtet, sondern allein zur Lieferung des bereits hergestellten Produktes. Diesen Produktionsfehler hat B nicht nach §§ 276, 278 BGB zu vertreten.

Ergebnis: A ist daher nicht berechtigt, Schadensersatz vom Autohaus B zu verlangen.

4. Entscheidungsgrundlage: Der Ersatzanspruch des A könnte über eine unerlaubte Handlung nach § 823 Abs. 1 BGB berechtigt sein.

Voraussetzungen: § 823 Abs. 1 BGB erfordert
- Verletzung eines dort aufgeführten Rechtsguts
- Widerrechtlichkeit
- Verschulden.

Überprüfung: Der Inhaber des Autohauses B unterließ es, eine umfassende Materialkontrolle durchzuführen. B setzte damit eine Mitursache für die Körperverletzung des A.

Ein Unterlassen ist aber nur dann widerrechtlich, wenn eine Rechtspflicht zum aktiven Tun bestand. Das kann hier nicht angenommen werden. B ist bloßer Händler und als solcher, wie oben ausgeführt, nicht zu einer so totalen Materialkontrolle verpflichtet, die nötig gewesen wäre, um den Fehler – Risse an der Schubstrebe – zu entdecken.

Ergebnis: Schadensersatz ist also auch nicht nach § 823 Abs. 1 BGB begründet.

5. Entscheidungsgrundlage: Es bleibt noch ein Schadensersatzanspruch aufgrund von § 831 BGB.

Voraussetzungen: Diese Haftungsnorm kommt zur Anwendung bei
- Bestellung eines anderen zu einer Verrichtung
- Schädigung eines Dritten durch diesen Gehilfen
- bei Ausführung der übertragenen Verrichtung
- in widerrechtlicher Weise
- keine Exkulpation nach § 831 Abs. 1 Satz 2 BGB.

Überprüfung: Ein Händler ist nicht der Geschäftsherr, der den Produzenten zum Gehilfen bestellt hat. Nur unter dieser Annahme könnte § 831 BGB zum Tragen kommen. Ein Händler hat kein Weisungsrecht, das ihn Einfluss auf den Produzenten nehmen lassen könnte. Das aber setzt § 831 BGB voraus, wie die Regelung zum Entlastungsbeweis zeigt.

Ergebnis: A steht gegen das Autohaus B auch kein Schadensersatz nach § 831 BGB zu.

Nach alledem kann A gegen seinen unmittelbaren Vertragspartner B nur Ansprüche wegen der fehlerhaften Kaufsache selbst, nicht aber wegen des Körperschadens, durchsetzen.

Lösung Frage 2:

1. Entscheidungsgrundlage: Da zwischen A und der Vertriebsgesellschaft C kein Vertragsverhältnis besteht, ist zunächst die spezielle Regelung des § 1 ProdHaftG zu prüfen, die einen engen Personenkreis einer besonders strengen Haftung unterwirft.

Voraussetzungen: § 1 ProdHaftG setzt voraus:

- Hersteller
- verletzt ein aufgeführtes Rechtsgut
- durch fehlerhaftes Produkt
- kein Haftungsausschluss nach § 1 Abs. 2 ProdHaftG.

Überprüfung: Der Unglücks-PKW wurde nicht von der Vertriebsgesellschaft C hergestellt, sondern vom japanischen Herstellerwerk D. Jedoch erweitert § 4 ProdHaftG den Kreis der Verpflichteten über den eigentlichen Hersteller hinaus. Nach § 4 Abs. 2 ProdHaftG unterliegt auch der Importeur, der ein Produkt aus einem Land außerhalb des Europäischen Wirtschaftsraumes in ein Land dieses Raumes einführt, dem Geltungsbereich des ProdHaftG. Darunter fällt die Vertriebsgesellschaft C.

Die geschäftlichen Aktivitäten von C waren Mitursache, dass A in einem Rechtsgut verletzt wurde, das durch das ProdHaftG geschützt ist. Es liegt zwar keine Sachbeschädigung im Sinne dieses Gesetzes vor; dazu hätte eine andere Sache betroffen sein müssen als das fehlerhafte Produkt selbst (§ 1 Abs. 1 Satz 2 ProdHaftG). A wurde bei dem Unfall aber auch schwer verletzt; die körperliche Integrität zählt zu den geschützten Rechtsgütern des ProdHaftG.

Diese Körperverletzung wurde durch ein fehlerhaftes Produkt verursacht, das C importierte und vertrieb. Fehlerhaft sind nach § 3 ProdHaftG Produkte, die nicht die Sicherheit bieten, die berechtigterweise erwartet werden kann. Der Bearbeitungsfehler – Schmieden der Schubstrebe bei zu niedriger Temperatur – machte den PKW in hohem Maße gefahrenträchtig; ein Käufer durfte zu Recht einen weit höheren Sicherheitsstandard erwarten.

Die Vertriebsgesellschaft C kann sich auch nicht auf einen Haftungsausschluss nach § 1 Abs. 2 ProdHaftG berufen, insbesondere nicht auf die Nr. 5. Danach kommt es darauf an, ob der Fehler nach dem Stand der Wissenschaft und Technik nicht erkennbar gewesen ist. Diese Situation bestand hier nicht; eine magnetische Flutung hätte den Fehler zu Tage gebracht.

Ergebnis: A kann von der Vertriebsgesellschaft C nach dem ProdHaftG wegen der erlittenen Körperverletzung, nicht aber wegen des nahezu total beschädigten PKW, Schadensersatz verlangen. Dieser Anspruch umfasst nach § 8 Satz 2 ProdHaftG auch Schmerzensgeld.

2. Entscheidungsgrundlage: Nach § 15 Abs. 2 ProdHaftG bleibt eine weitergehende Haftung der Vertriebsgesellschaft C aufgrund anderer Vorschriften möglich. Dabei ist zunächst § 823 Abs. 1 BGB zu prüfen.

Voraussetzungen: Die Kriterien wurden bereits oben dargelegt.

Überprüfung: Die Vertriebsgesellschaft C wird in der Rechtsform einer GmbH betrieben. Eine GmbH ist, wie jede andere juristische Person, handlungsunfähig. Eine GmbH ist nicht in der Lage, das Rechtsgut eines anderen zu verletzen. Für die GmbH handeln ihre Organe, insbesondere der Geschäftsführer.

Ergebnis: Eine Haftung aufgrund des § 823 Abs. 1 BGB scheidet also aus.

3. Entscheidungsgrundlage: Schadensersatz könnte über § 31 BGB berechtigt sein, der die Haftung des Vereins für seine Organe regelt.

Voraussetzungen: § 31 BGB geht von folgender Situation aus:
- rechtsfähiger Verein
- Schädigung eines Dritten durch einen verfassungsmäßig berufenen Vertreter
- in Ausführung der ihm zustehenden Verrichtung
- in einer zum Schadensersatz verpflichtenden Weise.

Überprüfung: Die Vertriebsgesellschaft C ist nach §§ 22 BGB, 13 Abs. 1 GmbHG ein rechtsfähiger Verein.

Der Geschäftsführer dieser GmbH ist ihr verfassungsmäßig berufener Vertreter (vgl. § 35 Abs. 1 GmbHG). Dieser Geschäftsführer unterließ es, die Gesellschaft so zu organisieren, dass jeder von ihr vertriebene PKW einer totalen Kontrolle – bis hin zur magnetischen Flutung der Schubstrebe – unterzogen wird. Diese Unterlassung war mitursächlich für die Schädigung des A.

Zum Aufgabenbereich eines Geschäftsführers gehört es, die Gesellschaft zu organisieren und den Umfang der Wareneingangskontrolle festzulegen.

Eine Unterlassung wird aber deliktsrechtlich nur bedeutsam, wenn eine Rechtspflicht zur aktiven Tätigkeit bestanden hat. Eine Vertriebsgesellschaft ist im Allgemeinen nicht verpflichtet, die von ihr vertriebenen Produkte darauf zu überprüfen, ob von ihnen Gefahren ausgehen. Anderes ist nur dann anzunehmen, wenn der Vertriebsgesellschaft bereits Schadensfälle bei der Produktverwendung bekannt geworden sind, oder wenn die Umstände des Falles eine Überprüfung nahe legen. Eine solche Ausnahmesituation bestand hier nicht; es lag ja ein extremer Sonderfall vor.

Ergebnis: Eine weitergehende Haftung der Vertriebsgesellschaft C ist auch nicht nach § 31 BGB begründet.

4. Entscheidungsgrundlage: Es bleibt noch, § 831 BGB zu prüfen.

Voraussetzungen: Die Merkmale dieser Haftungsnorm wurden oben erörtert.

Überprüfung: Bereits die erste Voraussetzung liegt nicht vor. Die Vertriebsgesellschaft hat nicht den Produzenten zum Gehilfen bestellt. Es besteht kein Weisungsrecht.

Ergebnis: § 831 BGB kommt nicht zur Anwendung. A stehen gegen die Vertriebsgesellschaft C nur die Ansprüche nach dem ProdHaftG zu, nämlich wegen der erlittenen Körperverletzung, einschließlich Schmerzensgeld.

Fall 16a

Die verbrannten Holzverzierungen

Der Hersteller von Stilmöbeln K kaufte bei dem in Hannover niedergelassenen V – einem Produzenten von maschinell geschnitzten Holzverzierungen – 10 000 unterschiedliche Möbelverzierungen nach Katalog.

K bittet um Anlieferung in seine Niederlassung in Karlsruhe und vereinbart mit V, dass V „frei Werk Karlsruhe" liefert. V informiert hierzu den K, dass die Möbelverzierungen aus dem Zweigwerk Rostock angeliefert werden. K ist damit einverstanden.

V übergibt in Rostock die bestellten Möbelverzierungen an den Transporteur T. Der bei T angestellte Fahrer F fährt mit dem Lastwagen über Hannover nach Karlsruhe.

Zwischen Berlin und Hannover kommt es zu einem Verkehrsunfall, bei dem der Lastwagen des T mit der gesamten Ladung verbrennt. Der Fahrer F hat den Unfall grob fahrlässig verursacht.

Frage 1: Muss V nochmals liefern?
Frage 2: Kann V von K Bezahlung der verbrannten Lieferung verlangen?
Frage 3: Wenn K den Kaufpreis zahlen muss, kann K von T Schadensersatz verlangen?

Lösung Frage 1:

Entscheidungsgrundlage: Anspruchsgrundlage für die Lieferung ist § 433 Abs. 1 BGB.

Voraussetzung: Der nach § 433 Abs. 1 BGB erforderlich Kaufvertrag wurde zwischen V und K abgeschlossen. K hat also einen Anspruch auf Lieferung.

Der Lieferanspruch des K könnte aber nach § 275 Abs. 1 BGB entfallen sein. Dafür ist erforderlich, dass die Lieferung für V unmöglich ist.

Überprüfung: Bei den verkauften Holzverzierungen handelt es sich um industriell gefertigte Ware, also nach allgemeinen Merkmalen bestimmte Gattungsware. Diese kann V noch beschaffen und liefern.

Wenn es sich bei den Möbelverzierungen um eine Stückschuld handelt, dann ist durch den Brand die allein von V geschuldete Ware vernichtet worden, und es liegt Unmöglichkeit vor.

V hat aus der Gattungsschuld eine Stückschuld werden lassen, wenn er nach § 243 Abs. 2 BGB das seinerseits Erforderliche getan hat. Erforderlich für diese Konkretisierung ist, dass die vertragsgemäße Sache am richtigen Ort zur richtigen Zeit von V zur Verfügung gestellt wurde. Die Lieferung war qualitativ vertragsgemäß. Problematisch ist hier der Leistungsort nach § 269 BGB.

Nach § 269 Abs. 1 BGB kann der Leistungsort vereinbart werden. Durch die vertragliche Formulierung „frei Werk Karlsruhe" wird Karlsruhe nicht als Leistungsort bestimmt. Es wird dadurch lediglich festgelegt, dass V die Kosten des Transportes übernimmt, wie sich aus § 269 Abs. 3 BGB ergibt.

V hatte den K informiert, dass die Ware von Rostock aus geliefert wird, also Rostock als Leistungsort angegeben. K war damit einverstanden, so dass Rostock der vereinbarte Leistungsort ist.

Da V dort zur richtigen Zeit geleistet hat, liegt eine Stückschuld vor. Die Vernichtung der Ware hat zur Unmöglichkeit der Erfüllung geführt.

Ergebnis: Der Anspruch des K auf Lieferung ist ausgeschlossen.

Lösung Frage 2:

Entscheidungsgrundlage: Anspruchsgrundlage für die Zahlung ist § 433 Abs. 2 BGB.

Voraussetzung: Der nach § 433 Abs. 2 BGB erforderlich Kaufvertrag wurde zwischen V und K abgeschlossen. V hat also einen Anspruch auf Zahlung des Kaufpreises.

Der Zahlungsanspruch des V könnte aber nach § 326 Abs. 1 1. Satzteil BGB entfallen sein. Dafür ist erforderlich, dass
- der Zahlungsanspruch ein Anspruch auf die Gegenleistung ist und
- V nach § 275 Abs. 1 bis 3 BGB nicht zu leisten braucht und
- die Gefahr des zufälligen Unterganges nicht mehr vom Verkäufer zu tragen ist und
- § 326 Abs. 2 BGB keine Anwendung findet.

Überprüfung: Bei einem Kaufvertrag werden die Leistungen jeweils dem anderen Vertragspartner, also gegenseitig, erbracht (gegenseitiger Vertrag, § 320 BGB). K schuldet die Zahlung des Kaufpreises damit als Gegenleistung für die Lieferung.

Dass V nicht zu leisten braucht, wurde zur Frage 1 bereits festgestellt.

Der Gefahrübergang wird in § 447 BGB geregelt, dessen Voraussetzungen sind:
- Kaufvertrag,
- Versendung auf Verlangen des K,
- an einen anderen als den Erfüllungsort,
- Übergabe an den Transporteur.

Die Voraussetzungen Kaufvertrag und Versendung auf Verlangen des K sind - wie sich aus dem Sachverhalt ergibt - gegeben. Die Versendung vom Erfüllungsort Rostock nach Karlsruhe ist die Versendung nach einem anderen als dem Erfüllungsort. Die Übergabe an T ist in Rostock erfolgt. Da somit die Kriterien des § 447 BGB erfüllt sind, ist die Gefahr des zufälligen Unterganges auf den Käufer K übergegangen. Ein zufälliger Untergang liegt hier auch vor, weil weder V noch K Verantwortung für den Unfall tragen. Insbesondere ist T kein Erfüllungsgehilfe des V nach § 278 BGB, weil er nicht dessen Pflichten wahrnimmt.

Also ist die Gefahr übergegangen, § 326 Abs. 1 BGB findet keine Anwendung.

Ausnahme von § 326 Abs. 1 BGB ist auch § 326 Abs. 2 BGB. Dessen Voraussetzungen sind nicht erfüllt. K ist nicht allein oder überwiegend für den Verkehrsunfall verantwortlich und befindet sich auch nicht im Annahmeverzug.

Ergebnis: K muss zahlen.

Lösung Frage 3:

1. Möglichkeit

Entscheidungsgrundlage: Der Schadensersatzanspruch könnte auf § 280 Abs. 1 BGB gestützt werden.

Voraussetzungen: Diese Vorschrift setzt voraus

- Bestehen eines Schuldverhältnisses
- Pflichtverletzung
- die der Schuldner zu vertreten hat

Überprüfung: Zwischen K und T besteht kein Schuldverhältnis.

Ergebnis: K kann keinen Schadensersatz erlangen.

2. Möglichkeit

Entscheidungsgrundlage: Der Ersatzanspruch des K könnte über eine unerlaubte Handlung nach § 823 Abs. 1 BGB berechtigt sein.

Voraussetzungen: § 823 Abs. 1 BGB erfordert

- Verletzung eines dort aufgeführten Rechtsgutes
- Widerrechtlichkeit
- Verschulden

Überprüfung: In Betracht kommt, dass T das Eigentum des K verletzt hat. Erforderlich wäre, dass K Eigentümer der Möbelverzierungen war. Für den Eigentumserwerb fehlt es an der Übergabe durch V nach § 929 Satz 1 BGB. K war kein Eigentümer.

Ergebnis: Schadensersatz ist also auch nicht nach § 823 BGB begründet.

3. Möglichkeit

Entscheidungsgrundlage: Als Anspruchsgrundlage kommt §§ 425, 421 Abs. 1 Satz 2 HGB in Betracht

Voraussetzungen: Erforderlich für diesen Anspruch des K als Empfänger des Gutes gegen T ist ein

- Frachtvertrag
- Verlust des Gutes

- von der Übernahme zur Beförderung bis zur Ablieferung
- kein Ausschluss der Haftung.

Überprüfung: Gegenstand des Frachtvertrages ist die gewerbsmäßige Beförderung von Gütern durch den Frachtführer zu Lande (§ 407 Abs. 3 HGB). T betreibt die Beförderung von Gütern als Gewerbe; Güter sind alle körperlichen Gegenstände, also auch die Möbelverzierungen.

Die Möbelverzierungen sind nach der Übernahme zur Beförderung zerstört worden.

K war der Empfänger des Gutes. Ein Ausschluss der Haftung nach §§ 426 ff. HGB liegt nicht vor.

Ergebnis: K kann von T Schadensersatz verlangen.

Fall 17

Vertragsstrafe bei überschrittenem Termin

Die Maschinenfabrik V hatte sehr viele termingebundene Aufträge übernommen. So schuldet sie auch K bis spätestens 1. September den Bau einer Spezialmaschine für 120 000,– €. Im Vertrag zwischen V und K war festgelegt worden, dass für jeden Tag der Zu-spät-Erfüllung eine Vertragsstrafe in Höhe von 500,– € zu bezahlen sei. V lieferte die Maschine erst am 21. September. Er entschuldigte sich damit, dass sein Betrieb vom 17. bis einschließlich 21. August bestreikt worden sei.

Frage 1: Kann K vom Kaufpreis die Vertragsstrafe absetzen? Wenn ja, in welcher Höhe?

Frage 2: K hatte den Einsatz dieser Spezialmaschine vom 6. September an fest eingeplant gehabt. Bis 21. September erlitt er daher selbst Schaden von zusammen 10 000,– €. Kann K diesen Schaden außer der Vertragsstrafe geltend machen?

Lösung Frage 1:

Entscheidungsgrundlage: Anspruchsgrundlage ist § 339 Satz 1 BGB.

Voraussetzungen: Die Vertragsstrafe ist danach berechtigt, wenn der Schuldner in Verzug kommt. Schuldnerverzug setzt nach § 286 Abs. 1 und 4 BGB voraus:

- Bestehen eines Schuldverhältnisses
- Nichterbringen einer geschuldeten Leistung
- trotz Fälligkeit und
- trotz Mahnung,
- das der Schuldner zu vertreten hat.

Überprüfung: V schuldet die Lieferung der Spezialmaschine. Er hat sie zum vereinbarten Zeitpunkt, nämlich dem 1. September, nicht erbracht. Die Leistung, nämlich die Auslieferung der Spezialmaschine, war zum 1. September fällig.

Eine Mahnung brauchte hier, um Schuldnerverzug zu begründen, ausnahmsweise nicht zu erfolgen. Die Lieferzeit war kalendermäßig auf 1. September bestimmt (§ 286 Abs. 2 Nr. 1 BGB). Nichtlieferung zu diesem Termin liegt vor.

Bei der fünften Voraussetzung, dem Vertretenmüssen, ist zu unterscheiden. Soweit die Auslieferung durch den Streik verzögert wurde, hat das ein Schuldner nicht zu vertreten; ein Streik bedeutet für ihn höhere Gewalt. Diese fünf Tage Verzögerung hat er also nicht zu vertreten. Im Übrigen aber (15 Tage) geht die Verzögerung auf falsche Dispositionen zurück, für die ein Schuldner einzustehen hat. Wer nämlich so disponiert, dass er nicht alle übernommenen Terminaufträge rechtzeitig erfüllen kann, handelt mindestens fahrlässig (§ 276 Abs. 2 BGB).

Ergebnis: Vertragsstrafe ist also für 15 Tage Verzögerung berechtigt; daraus errechnet sich ein Betrag von 7500,– €. Eine Herabsetzung über § 343 BGB ist nach § 348 HGB ausgeschlossen; der Inhaber einer Maschinenfabrik ist nach § 1 HGB Kaufmann, da er ein Handelsgewerbe betreibt.

Lösung Frage 2:

Zunächst ist die Vorfrage zu klären, ob neben einer Vertragsstrafe überhaupt Schadensersatz verlangt werden kann. Die Antwort gibt § 341 Abs. 2 BGB, der auf § 340 Abs. 2 BGB verweist. Die Vertragsstrafe von 7500,– € ist danach der Mindestschadensbetrag. Ein weitergehender Schaden, hier also von 2500,– €, kann geltend gemacht werden.

Entscheidungsgrundlage: In Betracht kommt §§ 280 Abs. 1, 2, 286 BGB. Nach diesen Bestimmungen kann nämlich ein Gläubiger bei Verzögerung neben der Vertragsleistung auch Ersatz des Schadens verlangen.

Voraussetzungen: Es müssen folgende Voraussetzungen vorliegen:

- Bestehen eines Schuldverhältnisses
- Verzögerung der Leistung
- die der Schuldner zu vertreten hat (§ 280 Abs. 1 Satz 2 BGB)
- Vorliegen der Voraussetzungen des § 286 BGB, also
  - Nichterbringen einer geschuldeten Leistung
  - trotz Fälligkeit und
  - trotz Mahnung.

Überprüfung: Diese Voraussetzungen sind, wie oben dargelegt wurde, für 15 Tage Verzögerung erfüllt. Das ist die Zeit, für die allein Verzögerungsschaden geltend gemacht wird.

Ergebnis: Schadensersatz ist also neben der Vertragsstrafe von 7500,– € in Höhe von weiteren 2500,– € berechtigt.

Fall 18

Der verrechnete Lohn

U ist Inhaber einer Küchenmöbelfabrik. A stand in seinen Diensten als Arbeiter.

Nach einigen Vorgesprächen schlossen beide am 5. Januar folgenden Vertrag:

„U verkauft an A eine Küchenzeile, Modell Claudia, zu einem Vorzugspreis von 4000,– €. Dieser Kaufpreis wird von A an U in monatlichen Raten von jeweils 400,– € entrichtet. Die 400,– € werden ab Februar monatlich vom Lohn abgezogen. Kündigt A jedoch, bevor die 4000,– € abgetragen sind, so wird der noch offen stehende Betrag sofort fällig und mit der Restlohnforderung verrechnet. Unterschriften: U, A."

A war von U über sein Widerrufsrecht ordnungsgemäß belehrt worden; er hatte es aber nicht ausgeübt.

A kündigte fristgerecht auf Ende Juni. Als er am 30. Juni seine Papiere und seine Lohnabrechnung im Lohnbüro abholte, war er sehr erstaunt, dass er von den 2000,– € netto, die er noch an Lohn für den Monat Juni zu beanspruchen hatte, keinen Pfennig ausbezahlt erhielt. Er wandte sich deshalb an U. Dieser verwies auf den Vertrag vom 5. Januar, wonach er den aus dem Darlehen noch offen stehenden Betrag verrechnen dürfe.

Frage: Hat U damit recht?

Lösung:

Entscheidungsgrundlage: Die Antwort ergibt sich aus §§ 387 ff. BGB.

Voraussetzungen: Danach führt eine erklärte Aufrechnung zum Erlöschen der Forderungen bei

- Gegenseitigkeit der Leistungen
- Gleichartigkeit
- Fälligkeit der Aktivforderung
- Erfüllbarkeit der Passivforderung
- Fehlen eines speziellen Aufrechnungsverbotes.

Überprüfung: U und A schulden einander Leistungen: U dem A den Lohn für den Monat Juni in Höhe von 2000,– € aus dem Arbeitsvertrag (§ 611 Abs. 1 BGB), A dem U noch 2000,– € aus dem Kaufvertrag (§ 433 Abs. 2 BGB).

Diese Leistungen sind gleichartig; beides sind Geldforderungen.

Die restliche Kaufpreisforderung des U über 2000,– € wird nach dem Kaufvertrag vom 5. Januar durch die Kündigung des Arbeitsverhältnisses sofort fällig.

U kann die Lohnforderung des A über 2000,– € am 30. Juni bewirken.

Die danach zulässige Aufrechnung führt jedoch nicht zum vollständigen Erlöschen der beiden Forderungen. Es steht das spezielle Aufrechnungsverbot des § 394 Satz 1 BGB entgegen. Danach ist eine Aufrechnung insoweit unzulässig, als die Passivforderung der Pfändung nicht unterworfen ist. Nach § 850c ZPO ist ein Teil des Arbeitseinkommens als Existenzminimum unpfändbar und damit auch nicht aufrechenbar.

Ergebnis: U kann also nicht die gesamten 2000,– € verrechnen, sondern nur den pfändbaren Teil. Dass im Vertrag vom 5. Januar anderes festgelegt ist, ändert daran nichts. Der Passus, dass die Restlohnforderung beim Ausscheiden des A verrechnet wird, verstößt, was den Pfändungsfreibetrag nach § 850c ZPO betrifft, gegen die zwingende Vorschrift des § 394 Satz 1 BGB und ist daher insoweit nichtig (§ 134 BGB). Diese Teilnichtigkeit führt nicht zur Gesamtnichtigkeit des Vertrages vom 5. Januar (§ 139 BGB), da dies dem Willen der Parteien nicht entsprechen würde.

Fall 19

Schlägerei im Wahlkampf

A und B hatten sich zur Wahlkampfzeit mit Begeisterung einer Klebekolonne der X-Partei angeschlossen. Nach getaner Arbeit trafen sie den Nachtwachmann N an, der gerade dabei war, die Wahlplakate vom Fabriktor seines Arbeitgebers wieder zu entfernen. Wütend bestürmten sie den N, die Plakate hängen zu lassen. Als alle Worte nichts fruchteten, ließen sie sich dazu hinreißen, auf N einzuschlagen. Dabei verlor N zwei Zähne.

Die Zahnarztkosten betrugen 3200,– €.

Frage 1: Ist N berechtigt, von A und B Schadensersatz in Höhe von 3200,– € zu verlangen?

Frage 2: Hat A, wenn er die 3200,– € an N bezahlt hat, die Möglichkeit, von B einen Teil dieses Betrages zurückzuverlangen?

Frage 3: Wäre es von Bedeutung, wenn die wütenden A und B erst auf N eingeschlagen hätten, nachdem N sie wegen ihrer Arbeit für die X-Partei tüchtig gehänselt hatte?

Lösung Frage 1:

Entscheidungsgrundlage: Anspruchsgrundlage ist § 823 Abs. 1 BGB.

Voraussetzungen: Diese Vorschrift verlangt:

- Verletzung eines dort aufgeführten Rechtsgutes
- Widerrechtlichkeit
- Verschulden.

Überprüfung: Indem A und B dem N die Zähne einschlugen, verletzten sie ihn körperlich. Die körperliche Integrität wird in § 823 Abs. 1 BGB geschützt.

A und B waren dazu nicht berechtigt; sie haben insbesondere nicht in Notwehr gehandelt (§ 227 BGB).

Die beiden schlugen absichtlich auf N ein. Sie handelten also vorsätzlich.

Ergebnis: N ist somit berechtigt, Schadensersatz zu verlangen. A und B haben den Schaden des N gemeinschaftlich verursacht. Daher ist jeder für den Schaden verantwortlich (§ 830 Abs. 1 Satz 1 BGB). Damit haften sie als Gesamtschuldner (§ 840 Abs. 1 BGB). Bei gesamtschuldnerischer Haftung kann der Gläubiger die Leistung nach seinem Belieben von jedem der Schuldner ganz oder zum Teil fordern (§ 421 Satz 1 BGB). N kann also nach seiner Wahl sowohl von A auch von B den vollen Betrag verlangen, aber nicht mehr als insgesamt 3200,– €.

Lösung Frage 2:

Entscheidungsgrundlage: Anspruchsgrundlage hierfür ist § 426 BGB.

Voraussetzungen: Danach sind Gesamtschuldner im Innenverhältnis zu gleichen Teilen verpflichtet, soweit nichts anderes bestimmt ist (§ 426 Abs. 1 Satz 1 BGB).

Überprüfung: A und B haben also im Innenverhältnis je 1600,– € zu tragen. Etwas anderes ist nicht anzunehmen, weil nach dem Sachverhalt von gleichen Tatbeiträgen auszugehen ist.

Ergebnis: A ist somit berechtigt, sich wegen 1600,– € an B zu halten.

Lösung Frage 3:

Anspruchsgrundlage ist auch bei dieser Sachlage § 823 Abs. 1 BGB i.V.m. §§ 830 Abs. 1 Satz 1, 840 Abs. 1 BGB.

Die Körperverletzung bleibt widerrechtlich. A und B können sich nicht auf Notwehr berufen (§ 227 Abs. 1 BGB), weil sie sich nicht auf Verteidigung beschränkten (§ 227 Abs. 2 BGB).

Entscheidungsgrundlage: Es ergibt sich die Frage, ob die Schadensersatzpflicht nach § 254 Abs. 1 BGB gemindert sein könnte.

Voraussetzungen: Diese Vorschrift setzt voraus, dass bei der Schadenentstehung ein Verschulden des Beschädigten mitgewirkt hat. Ist dies der Fall, so hängt der Umfang der Schadensersatzpflicht vom Grad der Verursachung durch die Beteiligten ab.

Überprüfung: N hänselte die ohnehin schon wütenden A und B wegen ihrer Arbeit für die X-Partei. Dadurch trug er seinen Teil dazu bei, dass sie auf ihn einschlugen. Er wirkte also bei der Schadenentstehung mit.

Die überwiegende Verursachung liegt bei A und B. N ärgerte die beiden lediglich mit Worten. Sie dagegen sind zu Tätlichkeiten übergegangen. Daher haben sie den größten Teil des Schadens zu tragen. Inwieweit nun die Schadenverteilung im Einzelnen quotal durchgeführt wird, ist eine Bewertungsfrage. Es dürfte ein Verhältnis von ¼ zu ¾ zulasten von A und B angemessen sein.

Ergebnis: N kann bei dieser Sachlage lediglich 2400,– € von A und B als Gesamtschuldner verlangen.

Fall 20

Die gepfändete Kamera

Der siebzehnjährige K hat ohne Altersangabe bei der auswärtigen Firma V eine digitale Spiegelreflexkamera zum Preis von 500,– € bestellt. Die Kamera wird ihm von V übersandt; in dem Begleitschreiben heißt es: *„Sehr geehrter Kunde! Sie haben richtig gewählt. Wir beglückwünschen Sie als neuen Eigentümer der Kamera XY und empfehlen Ihnen, damit Sie recht lange Freude daran haben, immer folgende Regeln zu beachten ...“*

Als der Vater des K hiervon erfährt, schreibt er der V, dass er mit dem Kauf nicht einverstanden sei.

Nach diesem Schreiben zeigt K die Kamera seinem Bekannten B, der sie fahrlässig beschädigt.

Frage 1: Kann V von B Schadensersatz verlangen?
Frage 2: Wie wäre es, wenn K die Kamera nur „auf Besichtigung für zwei Wochen“ bestellt hätte und während dieser Zeit die Beschädigung durch B erfolgt wäre?

Lösung Frage 1:

Entscheidungsgrundlage: Anspruchsgrundlage ist § 823 Abs. 1 BGB.

Voraussetzungen: Diese Vorschrift verlangt:
- Verletzung eines dort aufgeführten Rechtsgutes
- Widerrechtlichkeit
- Verschulden.

Überprüfung: Indem B die Kamera beschädigte, könnte er das Eigentum der V verletzt haben.

Dies ist fraglich, weil K Eigentum an der Kamera erworben haben könnte. Das ist nach § 929 Satz 1 BGB zu beurteilen.

Voraussetzung hierfür ist:
- Eigentum der V
- Einigung zwischen ihr und K über den Eigentumsübergang
- Übergabe der Sache.

V als Verkäuferin war Eigentümerin der Spiegelreflexkamera. Die Übergabe ist auch erfolgt, da V die Kamera dem K zugesandt hat (§ 854 Abs. 1 BGB).

Fraglich ist allein, ob sich V und K wirksam über den Eigentumsübergang geeinigt haben.

Zwar ist der Kaufvertrag nichtig; er brachte dem nur beschränkt geschäftsfähigen K nicht lediglich einen rechtlichen Vorteil, denn dieser hatte ja den Kaufpreis zu bezahlen (§ 107 BGB); deshalb wäre zur Wirksamkeit die Zustimmung des gesetzlichen Vertreters erforderlich gewesen, die jedoch verweigert wurde (§ 108 BGB). Diese Unwirksamkeit ist aber ohne Einfluss auf die Frage, ob die Einigung nach § 929 BGB wirksam ist. Kaufvertrag und Einigung über den Eigentumsübergang sind zwei verschiedene Verträge. Der Kaufvertrag begründet lediglich schuldrechtliche Verpflichtungen; die hiervon abstrakte Einigung nach § 929 BGB führt dagegen – zusammen mit der Übergabe – zum Erwerb einer sachenrechtlichen Position, nämlich des absolut geschützten Eigentums.

Das rechtliche Schicksal dieser verschiedenen Verträge kann auch verschieden sein. § 929 BGB zeigt, dass es für die Wirksamkeit der Übereignung nicht auf den Kaufvertrag ankommt. Es wird dort nur verlangt, dass sich die Parteien über den Eigentumsübergang als solchen einigen; der Grund hierfür ist unmaßgeblich.

V und K waren sich über den Eigentumswechsel einig. Das ergibt sich für V aus dem Begleitschreiben und für K aus der Tatsache, dass er die Kamera zu Eigentum erwerben wollte. Diese Einigung ist – im Gegensatz zum Kaufvertrag – wirksam. Sie brachte nämlich dem beschränkt geschäftsfähigen K lediglich einen rechtlichen Vorteil (§ 107 BGB), da er das Eigentum an der Kamera ohne Gegenleistung erwarb. Die Verpflichtung zur Kaufpreiszahlung beruhte nicht auf der Einigung.

Ergebnis: Da somit alle Voraussetzungen des § 929 Satz 1 BGB erfüllt sind, war K im Zeitpunkt der Schädigung Eigentümer der Spiegelreflexkamera. V hatte kein Eigentum und kann daher von B keinen Schadensersatz verlangen.

Lösung Frage 2:

Entscheidungsgrundlage: Auch hier ist § 823 Abs.1 BGB zu untersuchen.

Voraussetzungen: Die Erfordernisse wurden bereits oben dargelegt.

Überprüfung: Ob V noch Eigentümerin der Kamera ist, beurteilt sich erneut nach § 929 Satz 1 BGB.

V war Eigentümerin der an K übersandten Kamera. Mit der Übersendung wollte V dem K lediglich Gelegenheit geben, die Spiegelreflexkamera zu besichtigen. Ob es zum Abschluss eines Kaufvertrages kommen würde, war völlig ungewiss. Die Firma V hatte deshalb keinen Anlass, K bereits zum Eigentümer zu machen. Deshalb ist die Zusendung nicht als Angebot auf Übereignung zu werten. Eine Einigung liegt somit nicht vor. Es fehlt daher an dieser Voraussetzung des § 929 Satz 1 BGB. V ist Eigentümerin geblieben.

Ergebnis: Die Klage der V gegen B wird Erfolg haben.

Fall 21

Kreditsicherung durch Warenlager

Kaufmann K will seinem Gläubiger G zur Sicherheit für einen Kredit die im Lagerraum 1 seines Fabrikgebäudes befindlichen Rohmaterialien und Halbfertigteile übertragen. Da sich hierunter auch verschiedene Waren befinden, die K unter Eigentumsvorbehalt von seinen Lieferanten bezogen und noch nicht voll bezahlt hat, vereinbaren G und K, dass dem G das Eigentum nur an den dem K gehörenden Waren zustehen soll, und dass K diese Waren unentgeltlich für G verwahrt.

Um einen weiteren Kredit bei der Bank B zu erhalten, will K in gleicher Weise die im Lagerraum 2 befindlichen Waren der B übereignen. B gibt jedoch zu bedenken, dass auch die noch im Eigentum der Lieferanten stehenden Waren mit einbezogen werden sollen. Deshalb wird vereinbart, dass K der B das Eigentum an den ihm gehörenden Waren und das Anwartschaftsrecht an den noch nicht voll bezahlten Waren überträgt und die Waren für B verwahrt.

Als K in Zahlungsschwierigkeiten gerät, wollen die Gläubiger G und B auf ihre Sicherheiten zurückgreifen. K weigert sich; er hält beide Verträge für unwirksam.

Frage 1: Ist die Sicherungsübereignung zwischen G und K wirksam?
Frage 2: Und die zwischen B und K?

Lösung Frage 1:

Entscheidungsgrundlage: Die Wirksamkeit der Sicherungsübereignung zwischen G und K beurteilt sich nach §§ 929, 930 BGB.

Voraussetzungen: Danach wird vorausgesetzt:
- Eigentum des Veräußerers
- Einigung zwischen Veräußerer und Erwerber über den Eigentumsübergang
- Vereinbarung eines Besitzmittlungsverhältnisses.

Überprüfung: K war Eigentümer derjenigen Waren, die er auf G übertragen wollte.

K und G haben sich auch über den Eigentumsübergang geeinigt; sie haben eine entsprechende Vereinbarung getroffen. Fraglich ist jedoch, ob diese rechtswirksam ist. Die dingliche Einigung über den Eigentumsübergang muss sich auf bestimmte Sachen beziehen; es genügt nicht, dass die betreffenden Sachen lediglich bestimmbar sind. Das ergibt sich aus dem Wortlaut des § 929 BGB, der von der Übereignung einer beweglichen Sache, also einer bestimmten beweglichen Sache, spricht. Dieses Spezialitätsprinzip wird auch mit dem Schutz des Rechtsverkehrs, insbesondere der anderen Gläubiger, begründet. Die Einigung zwischen K und G bezog sich nicht auf konkret bestimmte Sachen, sondern die gemeinten Waren befanden sich, äußerlich nicht unterscheidbar, mit anderen in demselben Raum. Ein unbeteiligter Dritter konnte der Einigung der Beteiligten demnach nicht entnehmen, welche Waren zur Sicherung übereignet werden sollten. Die Einigung ist also mangels Bestimmtheit unwirksam.

Ergebnis: Deshalb hat G kein Eigentum erworben.

Lösung Frage 2:

Entscheidungsgrundlage: Auch die Wirksamkeit der Sicherungsübereignung zwischen B und K ist nach §§ 929, 930 BGB zu beurteilen. Das gilt auch, soweit es sich um die Übertragung des Anwartschaftsrechts handelt. Das Anwartschaftsrecht ist nämlich eine Vorstufe auf das Vollrecht Eigentum und wie dieses ein absolutes Recht; es wird daher nach den gleichen Grundsätzen wie das Eigentum übertragen.

Voraussetzungen: Die Erfordernisse der §§ 929, 930 BGB wurden bereits dargelegt.

Überprüfung: K war teils Eigentümer, teils Inhaber eines Anwartschaftsrecht an den einzelnen Sachen.

Die Einigung zwischen ihm und B ist erfolgt. Sie bezog sich auf alle in dem betreffenden Lagerraum befindlichen Waren. Damit war eindeutig bestimmt, welche Sachen die Vertragspartner meinten. Es wurde zwar nicht klargestellt, an welchen Sachen das Eigentum und an welchen nur das Anwartschaftsrecht übertragen wurde. Dies schadet aber nichts, da es sich hierbei lediglich um eine rechtliche Qualifizierung handelt. Dem Zweck des Bestimmtheitserfordernisses – Schutz des Rechtsverkehrs – ist genügt. Denn auf Grund des dinglichen Vertrags steht fest, dass der bisherige Rechtsinhaber K seine jeweilige Rechtsposition an den genau bestimmten Sachen, nämlich allen im Lagerraum 2 befindlichen Waren, auf B übertragen hat (vgl. BGH NJW 1992, 1161).

Auch die dritte Voraussetzung ist erfüllt. K und B haben ein Besitzmittlungsverhältnis, nämlich Verwahrung, vereinbart. Hierdurch hat B gemäß § 868 BGB mittelbaren Besitz erlangt, wie es § 930 BGB voraussetzt.

Ergebnis: Die Sicherungsübereignung zwischen K und B ist demnach gültig.

Fall 22

Die eingesetzten Brillanten

Der Großhändler V belieferte die Uhrenfabrik K ständig mit Brillanten, die K in die serienweise gefertigten Uhrwerke einsetzte. Die fertige Uhr kostet bei K 600,– €; der Wert der Brillanten ist mit 350,– € und der des übrigen Materials mit 150,– € zu veranschlagen. Die eingesetzten Brillanten können jederzeit ohne Beschädigung der anderen Teile der Uhr herausgenommen werden. Die Lieferungen des V erfolgten unter Eigentumsvorbehalt. Als über das Vermögen des K das Insolvenzverfahren eröffnet wurde, hatte V eine erhebliche, bereits mehrfach mit ausreichender Frist angemahnte Kaufpreisforderung gegen K. Daher machte V seinen Eigentumsvorbehalt geltend.

Frage 1: Kann V die Brillanten, die noch in keine Uhr eingesetzt wurden, vom Insolvenzverwalter herausverlangen?

Frage 2: Wie steht es mit den eingesetzten Brillanten?

Lösung Frage 1:

Entscheidungsgrundlage: V könnte einen Anspruch auf Aussonderung der Brillanten haben. Er wäre damit kein Insolvenzgläubiger (§ 47 InsO); sein Anspruch ergibt sich aus §§ 985, 986 BGB.

Voraussetzungen: Danach ist erforderlich

- Eigentum dessen, der Herausgabe verlangt
- Besitz des anderen
- kein Gegenrecht des Besitzers nach § 986.

Überprüfung: Die gelieferten Brillanten fallen nicht in die Insolvenzmasse, weil sie dem Insolvenzschuldner K nicht gehören. Sie waren unter Eigentumsvorbehalt geliefert und noch nicht bezahlt. Deshalb war die aufschiebende Bedingung für den Eigentumsübergang auf K nach §§ 929,158 BGB nicht eingetreten (§ 449 BGB). V war noch Eigentümer.

Der Insolvenzverwalter ist Besitzer der Brillanten (§ 854 BGB).

Das Besitzrecht des K ergibt sich aus dem Kaufvertrag. Auf Grund dessen war V verpflichtet, die Sache zu übergeben, d.h. dem K den Besitz an der Maschine zu übertragen (§ 433 Abs. 1 Satz 1 BGB). Daraus folgt, dass K auf Grund des Kaufvertrages das Recht zum Besitz der Maschine hat.

V war aber zum Rücktritt vom Kaufvertrag berechtigt (§ 449 Abs. 2 BGB), wenn die Voraussetzungen des § 323 BGB vorliegen:

- Bestehen eines gegenseitigen Vertrages
- Pflichtverletzung wegen Verzögerung einer fälligen Leistung
- Bestimmen einer angemessenen Frist zur Leistung
- erfolgloser Fristablauf.

K hat die fällige Kaufpreisforderung nicht erbracht. Er wurde durch V mit angemessener Frist gemahnt, K hat nicht innerhalb der Frist geleistet. V hat den Rücktritt im Herausgabeverlangen konkludent erklärt. Ein Gegenrecht besteht also nicht mehr.

Ergebnis: V kann daher die nicht eingesetzten Brillanten aus der Insolvenzmasse aussondern.

Lösung Frage 2:

Entscheidungsgrundlage: Auch hier ist §§ 985, 986 BGB die maßgebliche Anspruchsnorm.

Voraussetzungen: Sie wurden bereits dargelegt.

Überprüfung: Ob V die in diese Uhren eingesetzten Brillanten aussondern kann, hängt davon ab, ob sein Eigentumsvorbehalt fortbesteht. Der Eigentumsvorbehalt könnte auf Grund der §§ 950 oder 947 BGB untergegangen sein. Dabei ist § 950 BGB als Spezialvorschrift zunächst zu prüfen.

1. Nach § 950 BGB wird der Hersteller unter folgenden Voraussetzungen Eigentümer:
- Verarbeitung von Stoffen
- zu einer neuen Sache
- Verarbeitungswert nicht erheblich geringer als Stoffwert.

K verarbeitet Stoffe, wenn er die Uhren aus den Einzelteilen zusammensetzen lässt.

Es entsteht dabei auch eine neue Sache. Die fertige Uhr trägt eine andere Bezeichnung als die Ausgangsteile, Uhrwerk, Gehäuse oder Brillanten. Diese neue Bezeichnung ist maßgebendes Indiz für die Neuheit der Sache.

Danach hängt die Eigentumsbegründung zugunsten des Herstellers noch von der dritten Voraussetzung ab, dem Wertverhältnis. Der Wert der verarbeiteten Stoffe beträgt 500,– €. Die fertige Uhr ist 600,– € wert. Nach BGB ergibt die Differenz zwischen dem Wert der neuen Sache und dem Wert der verarbeiteten Stoffe den Arbeitswert. Das sind hier 100,– €. Dieser Arbeitswert ist erheblich geringer als der Stoffwert von 500,– €.

Der Eigentumsvorbehalt des V wird also durch § 950 BGB nicht berührt.

2. Nach § 947 Abs. 1 BGB entsteht unter folgenden Voraussetzungen regelmäßig Miteigentum:
- Verbindung beweglicher Sachen
- zu einer einheitlichen Sache
- in der Weise, dass die beweglichen Sachen wesentlicher Bestandteil der einheitlichen Sache werden.

K verbindet bei der Uhrenproduktion bewegliche Sachen.

Es entsteht dabei eine einheitliche Sache, nämlich die fertige Uhr.

Eine Änderung der Eigentumsverhältnisse hängt davon ab, ob die verbundenen Teile – Uhrwerk, Gehäuse und Brillanten – wesentliche Bestandteile der fertigen Uhr sind. Das entscheidet sich nach § 93 BGB. Es kommt danach darauf an, ob eine Zerlegung der Uhr in ihre Bestandteile – Gehäuse, Werk, Brillanten – dazu führt, dass die Teile zerstört oder in ihrem Wesen verändert werden. Dass die Uhr bei einer Zerlegung zerstört wird, ist für § 93 BGB nicht maßgebend, denn die Vorschrift stellt allein auf das Schicksal der Einzelteile ab. Die Einzelteile werden bei einer Zerlegung der Uhr weder zerstört noch in ihrem Wesen verändert. Das Gehäuse, das Werk und die Brillanten behalten ihren Wert; sie können als Serienprodukte ohne Schwierigkeiten weiter verwendet werden. Der Eigentumsvorbehalt des V wird also auch durch § 947 BGB nicht tangiert.

Auch die beiden übrigen Voraussetzungen sind erfüllt. Der Insolvenzverwalter ist Besitzer; das Besitzrecht ist durch Rücktritt entfallen.

Ergebnis: V kann die eingesetzten Brillanten aussondern.

Fall 23

Der nachträgliche Eigentumsvorbehalt

V verkaufte an K am 1. Juni eine Maschine für 70 000,– €; die Lieferung wurde auf 1. September, das Zahlungsziel auf 30. November vereinbart. Weitere Regelungen wurden nicht getroffen.

Am 15. August schrieb V an K zu Händen des Einkaufsleiters E, der im Juni den Vertrag für K abgeschlossen hatte, dass die Maschine termingerecht am 1. September ausgeliefert werde, wobei die Maschine bis zur vollständigen Bezahlung des Kaufpreises im Eigentum von V verbleibe. E nahm hiervon auch Kenntnis.

Am 1. September wurde die Maschine termingerecht angeliefert. Als K über den 30. November hinaus die 70 000,– € nicht bezahlte und V daraufhin eine Auskunft über K eingeholt hatte, die ungünstig ausgefallen war, verlangte V die Maschine zurück.

Frage 1: Ist V dazu berechtigt?

Frage 2: Wenn nicht, was müsste V tun, um die Voraussetzungen für einen Herausgabeanspruch gegen K zu schaffen?

Frage 3: Wie wäre die Rechtslage, wenn der Eigentumsvorbehalt nicht nachträglich, sondern bereits im Kaufvertrag vereinbart worden wäre?

Lösung Frage 1:

Entscheidungsgrundlage: Anspruchsgrundlage sind §§ 985, 986 BGB.

Voraussetzungen: Diese Vorschriften verlangen:
- Eigentum dessen, der Herausgabe verlangt
- Besitz des anderen
- kein Gegenrecht des Besitzers nach § 986 BGB.

Überprüfung: V ist Eigentümer der Maschine geblieben. Am 1. September fand keine Eigentumsübertragung nach § 929 BGB statt. Die nach dieser Vorschrift erforderliche Einigung wurde durch das Schreiben vom 15. August unter die aufschiebende Bedingung vollständiger Bezahlung des Kaufpreises gestellt. Ein derartiger nachträglicher Eigentumsvorbehalt ist hier zulässig. Er ist dem E, einer für die inhaltliche Ausgestaltung von Verträgen zuständigen Person, zur Kenntnis gelangt (vgl. BGH BB 1982, 637). Die 70 000,– € wurden von K nicht bezahlt. Er hat also das Eigentum an der Maschine nicht erworben.

K ist Besitzer der Maschine; er erhielt die tatsächliche Gewalt (§ 854 Abs. 1 BGB).

K ist jedoch zum Besitz der Maschine berechtigt. Zwischen K und V besteht ein wirksamer Kaufvertrag. Auf Grund dessen war V verpflichtet, die Sache zu übergeben, d.h. dem K den Besitz an der Maschine zu übertragen (§ 433 Abs. 1 Satz 1 BGB). Daraus folgt, dass K auf Grund des Kaufvertrages das Recht zum Besitz der Maschine hat.

Ergebnis: V ist also nicht berechtigt, von K die Herausgabe der Maschine nach § 985 BGB zu verlangen, weil dieser ein Gegenrecht nach § 986 BGB hat.

Lösung Frage 2:

Dieses Gegenrecht nach § 986 BGB müsste V zu Fall bringen, um mit dem Herausgabeanspruch nach § 985 BGB durchzudringen.

Entscheidungsgrundlage: Hierzu bietet sich Rücktritt nach § 323 Abs. 1 BGB an.

Voraussetzungen: Diese Vorschrift erfordert:
- Bestehen eines gegenseitigen Vertrages
- Pflichtverletzung wegen Verzögerung einer fälligen Leistung
- Bestimmen einer angemessenen Frist zur Leistung
- erfolgloser Fristablauf.

Überprüfung: Der Kaufvertrag ist ein gegenseitiger Vertrag; er bringt für beide Teile Hauptleistungspflichten (§ 320 Abs. 1 Satz 1 BGB).

Die Bezahlung der 70 000,– € unterblieb, obwohl diese Forderung am 30. November fällig war.

V hat dem K bisher keine Frist zur Bezahlung gesetzt. Der Sachverhalt gibt auch keinen Anhalt dafür, dass eine Fristsetzung entbehrlich ist (§ 323 Abs. 2 BGB).

Ergebnis: Somit ist V bisher auch nicht zum Rücktritt nach § 323 Abs. 1 BGB berechtigt.

Um sich die Voraussetzung für den Rücktritt zu schaffen, muss V die Fristsetzung nachholen. Zahlt K innerhalb der Frist nicht, so sind dann sämtliche Voraussetzungen des § 323 Abs. 1 BGB erfüllt. Nun ist V zum Rücktritt berechtigt (§§ 346, 349 BGB). Damit entfällt das Gegenrecht des K nach § 986 Abs. 1 BGB, so dass V hiernach die Herausgabe der Maschine verlangen kann.

Lösung Frage 3:

Ist der Eigentumsvorbehalt bereits im Kaufvertrag vereinbart, so gilt § 449 Abs. 2 BGB. Danach kann der Verkäufer die Maschine auf Grund des Eigentumsvorbehaltes nur herausverlangen, wenn er vom Vertrag zurückgetreten ist. Da also auch in diesem Falle Rücktritt nach § 323 Abs. 1 BGB erforderlich ist, ändert sich an der Rechtslage nichts.

Fall 24

Der Streit um die Bücherwände

Am 1. Oktober wurde zwischen dem Furniergroßhändler V und der Möbelfabrik K ein Kaufvertrag über 100 Pack Teakholz-Furnier à 25 Blatt, 3 m × 0,20 m, zu einem Gesamtpreis von 10 000,– € abgeschlossen; Liefertermin: 8. Oktober. Der Kaufpreis wurde bis 30. November kreditiert.

Dem Kaufvertrag lagen die Verkaufsbedingungen zugrunde, deren Nr. 7 lautete:

„Die Furniere bleiben bis zur vollständigen Bezahlung des Kaufpreises Eigentum des Verkäufers.

Der Käufer ist berechtigt, die nach vorigem Absatz im Eigentum des Verkäufers stehenden Furniere bei der Möbelherstellung zu verarbeiten. Die Verarbeitung erfolgt jedoch im Auftrage des Verkäufers in der Weise, dass der Verkäufer als Hersteller im Sinne des § 950 BGB anzusehen und demgemäß Eigentümer der mit den Furnieren des Verkäufers hergestellten Möbel ist. Der Käufer ist berechtigt im Rahmen ordnungsgemäßen Geschäftsverkehr die Möbel weiter zu veräußern".

Am 8. Oktober wurden die 100 Pack Teakholz-Furnier angeliefert und in den folgenden Wochen zu 200 Teak-Bücherwänden verarbeitet.

K kam in immer größere finanzielle Schwierigkeiten und erhielt von der Bank B ein Darlehen von 200 000,– € gegen Sicherungsübereignung seines Fertigwarenlagers. Diesbezüglich schloss K mit B am 1. November folgenden Vertrag (Auszug):

„Zur Sicherung des Darlehens von 200 000,– € überträgt K an B das Eigentum seines Fertigwarenlagers.

K und B sind sich darüber einig, dass das Eigentum an allen auf beigefügtem Inventurverzeichnis angegebenen Fertigwaren auf B übergeht. Diese Fertigwaren werden von K für B verwahrt.

K versichert, dass die übereigneten Fertigwaren in seinem Eigentum stehen".

In dem Inventurverzeichnis über die übereigneten Gegenstände waren neben anderen Möbeln auch die 200 aus den Furnieren des V hergestellten Teak-Bücherwände aufgenommen.

K bezahlte die 10 000,– € zum 30. November nicht. Daher setzte ihm V am 2. Dezember eine Frist zur Begleichung dieses Betrages bis 16. Dezember. Diese verstrich erfolglos. Am 17. Dezember erklärte V seinen Rücktritt vom Kaufvertrag und verlangte die 200 Teak-Bücherwände von K heraus. B, die dies von K erfahren hatte, wandte sich an V mit der Behauptung, sie sei Eigentümer dieser 200 Bücherwände. B und V stritten sich nunmehr über die Eigentumsfrage.

Frage: Ist V berechtigt, von K die 200 Bücherwände herauszuverlangen?

Lösung:

Entscheidungsgrundlage: Als Anspruchsgrundlage kommen §§ 985, 986 BGB in Betracht.

Voraussetzungen: Diese Vorschriften erfordern:

- Eigentum dessen, der Herausgabe verlangt
- Besitz des anderen
- kein Gegenrecht des Besitzers nach § 986 BGB.

Überprüfung: Von diesen Voraussetzungen ist die zweite unproblematisch. K ist Besitzer der 200 Bücherwände; er hat die tatsächliche Gewalt (§ 854 Abs. 1 BGB). Problematisch sind dagegen die zwei anderen Voraussetzungen.

Die *Eigentumslage* war vor der Auslieferung klar; V war Eigentümer der 100 Pack Teakholz-Furniere. Es ist daher zu prüfen, ob sich daran später etwas geändert hat, nämlich durch die Lieferung an K, durch die Verarbeitung zu den 200 Bücherwänden oder durch die Sicherungsübereignung an B.

1. Die Lieferung der Furniere

Ob sich dadurch etwas an der Eigentumslage geändert hat, hängt davon ab, ob die Übereignung unter der aufschiebenden Bedingung vollständiger Bezahlung des Kaufpreises erfolgte. Grundlage dafür kann §§ 929 Satz 1, 158 BGB sein.

Diese Vorschriften setzen voraus:
- Eigentum des Veräußerers
- Einigung zwischen Veräußerer und Erwerber über den Eigentumsübergang
- aufschiebende Bedingung vollständiger Bezahlung des Kaufpreises
- Übergabe

V war Eigentümer. V hat sich das Eigentum an den Furnieren bis zur Zahlung des Kaufpreises durch K im Kaufvertrag vorbehalten. Dies ergibt sich aus Nr. 7 Abs. 1 der Verkaufsbedingungen, die im Kaufvertrag vereinbart wurden. Die Furniere wurden an K geliefert.

Da somit ein wirksamer Eigentumsvorbehalt vorlag, wurde K durch die Anlieferung nicht Eigentümer der 100 Pack Teakholz-Furniere.

2. Die Verarbeitung der Furniere

Ob sich hierdurch etwas an der Eigentumslage geändert hat, beurteilt sich nach § 950 Abs. 1 BGB.

Voraussetzung dafür ist:
- Verarbeitung von Stoffen
- zu einer neuen Sache
- Verarbeitungswert nicht erheblich geringer als Stoffwert.

Die Furniere wurden zusammen mit anderen Stoffen verarbeitet.

Die Bücherwände stellen neue bewegliche Sachen dar. Für die Neuheit spricht die neue Bezeichnung.

Auch ist der Wert der Verarbeitung nicht erheblich geringer als der Stoffwert.

Damit wird nach § 950 Abs. 1 BGB der Hersteller Eigentümer der 200 Bücherwände. Für die Frage, wer Hersteller ist, ist nach der Rechtsprechung in erster Linie der Parteiwille entscheidend. Danach kann der Lieferant mit dem Käufer einen verlängerten Eigentumsvorbehalt in der Weise vereinbaren, dass der Verkäufer Eigentümer der neuen Sache wird. Dies wird damit begründet, dass der Käufer die Kaufsache für den Verkäufer verarbeiten will und beide Parteien den Eigentumsvorbehalt achten wollen.

Die Verarbeitung erfolgte hier nach dem Willen beider Vertragspartner für V. Dies ergibt sich aus Nr. 7 Abs. 2 der Verkaufsbedingungen, die Vertragsinhalt sind. Da V somit Hersteller nach § 950 Abs. 1 BGB ist, hat er das Eigentum an den 200 Bücherwänden erworben.

3. Die Sicherungsübereignung der Bücherwände

Ob sich dadurch etwas an der Eigentumslage geändert hat, entscheidet sich nach §§ 929, 930, 185, 933 BGB.

Rechtsvoraussetzungen des § 930 BGB sind:
- Eigentum des Veräußerers
- Einigung des Veräußerers und Erwerbers über den Eigentumsübergang
- Vereinbarung eines Besitzmittlungsverhältnisses.

Der Veräußerer K war nicht Eigentümer der 200 Bücherwände. Das war V, wie oben dargelegt.

Somit ist B nicht Eigentümer der 200 Bücherwände nach § 930 BGB geworden. Ein Eigentumserwerb nach § 185 Abs. 1 BGB kommt gleichfalls nicht in Betracht, da K die Bücherwände lediglich im Rahmen des normalen Geschäftsganges an Kunden veräußern durfte.

Die Erfordernisse des § 933 BGB sind:
- kein Eigentum des Veräußerers
- Veräußerung nach § 930 BGB
- Übergabe der Sache an den Erwerber
- guter Glaube des Erwerbers
- keine abhanden gekommene Sache (§ 935 Abs. 1 BGB).

Die 200 Bücherwände gehören K nicht. Sie stehen, wie oben dargelegt, im Eigentum von V.

K veräußert die 200 Bücherwände an B gemäß § 930 BGB durch den Vertrag vom 1. November. Danach sind sich beide darüber einig (§ 929 BGB), dass das Eigentum an den Bücherwänden, die ja im Inventurverzeichnis aufgeführt sind, auf B übergeht. Durch die vereinbarte Verwahrung wird B mittelbarer Besitzer der Bücherwände (§ 868 BGB).

Die 200 Bücherwände sind B nicht übergeben worden. B hat die tatsächliche Gewalt nicht erlangt (§ 854 Abs. 1 BGB).

Da somit die dritte Voraussetzung von § 933 BGB fehlt, kommt ein gutgläubiger Eigentumserwerb durch B nicht in Betracht. V ist Eigentümer der Bücherwände geblieben.

Es bleibt noch zu prüfen, ob K ein *Gegenrecht* nach § 986 BGB hat. Auf Grund des Kaufvertrages war V verpflichtet, dem K den Besitz an den Furnieren zu übertragen (§ 433 Abs. 1 Satz 1 BGB). Somit hatte K aus dem Kaufvertrag ein Recht zum Besitz der

Furniere. Da er nach Nr. 7 Abs. 3 der Verkaufsbedingungen zur Verarbeitung berechtigt war, hatte er auch das Recht zum Besitz der 200 Bücherwände. Dieses Gegenrecht kann V jedoch durch seine Rücktrittserklärung vom Kaufvertrag zu Fall gebracht haben.

Als gesetzliche Grundlage für den Rücktritt bieten sich §§ 323, 449 Abs. 2 BGB an.

Die Rechtsvoraussetzungen hierfür sind:
- Bestehen eines gegenseitigen Vertrages
- Pflichtverletzung wegen Verzögerung einer fälligen Leistung
- Bestimmen einer angemessenen Frist zur Leistung
- erfolgloser Fristablauf.

Der Kaufvertrag ist ein gegenseitiger Vertrag; er beinhaltet gegenseitige Leistungen, nämlich Lieferung und Bezahlung (§ 433 BGB).

Die Bezahlung war am 30. November fällig. Vereinbarungsgemäß war der Kaufpreis bis zu diesem Zeitpunkt kreditiert worden (§ 271 BGB). V bezahlte aber nicht.

Am 2. Dezember setzte V dem K eine Frist zur Begleichung der 10 000,– € bis zum 16. Dezember. Die zwei Wochen sind als angemessen anzusehen.

K bezahlte auch während dieser Frist nicht.

Da somit alle Voraussetzungen von § 323 BGB erfüllt sind, war der durch V am 17. Dezember erklärte Rücktritt wirksam. Damit entfiel das Gegenrecht des K nach § 986 BGB.

Ergebnis: V ist also berechtigt, von K die 200 Teak-Bücherwände nach § 985 BGB herauszuverlangen.

Fall 25

Das zweckmäßige Grundpfandrecht

Der freiberufliche Ingenieur S, der an einer bedeutsamen Erfindung arbeitete, befand sich in finanziellen Schwierigkeiten. G, ein alter Bekannter, war bereit, mit einem Kredit von 60 000,– € auszuhelfen. G wünschte aber eine Absicherung. Dazu stand ein kleineres Grundstück der Ehefrau des S zur Verfügung.

Frage 1: Welches Grundpfandrecht, Hypothek oder Grundschuld, würden Sie an Stelle von G wählen? Begründen Sie Ihre Wahl.

Frage 2: Was muss im Einzelnen geschehen, damit G dieses Grundpfandrecht erlangt?

Lösung Frage 1:

G wird sich für eine Grundschuld entscheiden, da diese für ihn die bessere Rechtsposition bringt.

Zwar sind Hypothek und Grundschuld in ihrer Grundanlage gleich. Beides sind Sicherungsrechte, die dem Berechtigten ein bevorzugtes Zugriffsrecht auf ein Grundstück gewähren. Beides Mal kann der Berechtigte die Zwangsvollstreckung in das Grundstück betreiben (§ 1147 BGB) und dabei vorrangige Befriedigung erlangen (§ 10 ZVG). Die Grundschuld ist aber in der Einzelausgestaltung für den Gläubiger günstiger. Die Grundschuld ist in ihrem rechtlichen Schicksal vom Bestand der zu sichernden Forderung unabhängig (§§ 1191, 1192 Abs. 1 BGB). Das bedeutet, dass die Grundschuld auch dann besteht, wenn die zu sichernde Forderung überhaupt nicht entstanden oder durch Rückzahlung erloschen ist. Die Hypothek ist dagegen an die zu sichernde Forderung angelehnt; sie ist akzessorisch (§ 1113 BGB). Die Hypothek besteht also nach Grund und Umfang nur soweit die zu sichernde Forderung entstanden ist und noch besteht.

Lösung Frage 2:

Entscheidungsgrundlage: Die Begründung der Grundschuld ist in §§ 873 Abs. 1, 1192 Abs. 1, 1116 BGB geregelt.

Voraussetzungen: Es wird gefordert:

- Einigung
- Grundbucheintragung
- Erteilung bzw. Ausschluss des Grundschuldbriefs.

Überprüfung: Die Einigung ist ein formloser Vertrag zwischen Grundstückseigentümer und Erwerber der Grundschuld über diese Grundstücksbelastung.

Die Eintragung nimmt das Grundbuchamt vor. Es muss ein entsprechender formloser Antrag gestellt (§ 13 GBO) und die öffentlich beglaubigte Bewilligung des betroffenen

Eigentümers vorgelegt werden (§§ 19, 29 GBO). Das Grundbuchamt überprüft vor der Eintragung auch noch die Voreintragung des Eigentümers (§ 39 GBO).

Der Grundschuldbrief wird vom Grundbuchamt ausgestellt (§§ 56 ff. GBO) und dann übergeben (§§ 1192 Abs. 1, 1117 BGB). Wenn die Grundschuld nicht verbrieft werden soll, muss der Ausschluss im Grundbuch eingetragen werden (§§ 1192 Abs. 1, 1116 Abs. 2 BGB).

Ergebnis: Nach Ablauf dieses Verfahrens hat G die gewünschte Grundschuld erlangt.

Fall 26

Der störende Druckereilärm

Der Arzt Dr. E hat in einem gemischten Wohn- und Industriegebiet ein Haus erworben, in dem er seine Praxis betreibt. Sehr bald stellt er fest, dass von der benachbarten Druckerei des X starker Maschinenlärm ausgeht, der ihn in seiner Arbeit erheblich stört. Als X von E deswegen angesprochen wird, weist er zutreffend darauf hin, dass auch von anderen Betrieben in dem betreffenden Gebiet ein vergleichbarer Lärm ausgeht, und dass er schon verschiedene Schalldämmungsmaßnahmen hat ausführen lassen – leider ohne den gewünschten Erfolg.

Frage 1: Kann E erfolgreich gegen den Lärm der Druckerei vorgehen?
Frage 2: E hat sein Haus an den Mieter M vermietet und übergeben. Kann M etwas gegen den Lärm unternehmen?

Lösung Frage 1:

Entscheidungsgrundlage: Anspruchsgrundlage ist § 1004 BGB.

Voraussetzungen: Diese Vorschrift setzt voraus, dass
- E Eigentümer ist,
- sein Eigentum beeinträchtigt wird, und zwar in anderer Weise als durch Entziehung oder Vorenthaltung des Besitzes,
- und E nicht zur Duldung der Beeinträchtigung verpflichtet ist.

Überprüfung: E ist Eigentümer des von ihm erworbenen Hausgrundstücks.

In seinem Eigentum wird er durch den Lärm des Nachbargrundstücks beeinträchtigt, also nicht durch Entzug oder Vorenthaltung des Besitzes.

Ob E zur Duldung dieser Störung verpflichtet ist, beurteilt sich nach § 906 BGB. Nach Absatz 1 dieser Vorschrift kann ein Grundstückseigentümer von einem anderen Grundstück ausgehende Immissionen nicht verbieten, wenn sie ihn nur unwesentlich beeinträchtigen. Das ist hier nicht der Fall; die Lärmbelästigung ist erheblich.

Nach Absatz 2 besteht ferner eine Duldungspflicht, wenn
- die wesentliche Beeinträchtigung durch eine ortsübliche Benutzung des anderen Grundstücks herbeigeführt wird
- und nicht durch wirtschaftlich zumutbare Maßnahmen verhindert werden kann.

Ortsüblich ist eine Beeinträchtigung, wenn sie in dem zum Vergleich heranzuziehenden Bezirk häufiger vorkommt. In einem gemischten Gebiet, wo weder die Wohnungen noch die gewerblichen Betriebe überwiegen, müssen die Bewohner den normalen, von betrieblichen Anlagen üblicherweise ausgehenden Lärm hinnehmen. Da ähnlich starke akustische Einwirkungen auch an verschiedenen anderen Stellen in dem betreffenden Gebiet vorkommen, handelt es sich um eine ortsübliche Beeinträchtigung.

Da X bereits verschiedene Maßnahmen zur Schalldämmung erfolglos versucht, ist anzunehmen, dass der Lärm sich mit wirtschaftlich zumutbaren Mitteln nicht verhindern lässt.

Ergebnis: E ist daher zur Duldung des Druckereilärms verpflichtet und kann nicht erfolgreich dagegen vorgehen.

Lösung Frage 2:

Entscheidungsgrundlage: Als Anspruchsgrundlage bietet sich § 862 BGB an.

Voraussetzungen: Hierfür wird vorausgesetzt,
- dass M Besitzer ist,
- dass er im Besitz gestört wird
- durch verbotene Eigenmacht.

Überprüfung: M ist Besitzer, da er von E die tatsächliche Gewalt über das Grundstück erhalten hat (§ 854 Abs. 1 BGB).

Durch den Lärm der Druckereimaschinen des X wird er in seinem Besitz gestört.

Ob diese Störung auf verbotener Eigenmacht beruht, ergibt sich aus § 858 BGB. Danach liegt verbotene Eigenmacht vor, wenn
- die Störung ohne den Willen des Besitzers erfolgt
- und das Gesetz sie nicht gestattet.

M wird gegen seinen Willen durch den Lärm gestört.

Eine ausdrückliche gesetzliche Vorschrift, die dem Besitzer eines Hausgrundstücks die Duldung bestimmter Störungen gebietet, gibt es im BGB nicht. § 906 ist nicht direkt anwendbar, da er nur für den Eigentümer gilt. Indessen müssen die Einschränkungen dieser Vorschrift auch für den Besitzer gelten: Wenn schon der Eigentümer als Inhaber des umfassendsten Rechts die dort aufgeführten Störungen nicht abwehren kann, dann muss dies einem Besitzer, der eine schwächere Rechtsposition hat, erst recht verwehrt sein. M muss daher in gleicher Weise wie E den ortsüblichen Lärm der Druckerei dulden. Es liegt deshalb keine verbotene Eigenmacht des X vor. Die dritte Voraussetzung des § 862 BGB ist nicht erfüllt.

Ergebnis: Auch M kann dem X den Lärm nicht verbieten.

Teil II
Handels- und Gesellschaftsrecht

Fall 27

Der Geschäftsbeginn

Im Schwarzwald, in einer Gegend, in der sich schon mehrere große und bekannte Steinbruchwerke befinden, eröffnet Hermann Vogt (V) einen Steinbruchbetrieb. Er beginnt groß mit einem umfangreichen Maschinenpark und mit 50 Mitarbeitern, darunter mehreren kaufmännischen.

Frage 1: Ist V verpflichtet, seine Firma zur Eintragung ins Handelsregister anzumelden?

Frage 2: V hat sich – speziell unter dem Gesichtspunkt starker Werbewirksamkeit – folgende zwei Firmennamen ausgedacht:
- „Hermann Vogt e.K., die Schwarzwälder Steinbruchbetriebe".
- „Stones for you e.K."

Wird das Registergericht eine dieser beiden Firmen ins Handelsregister eintragen?

Lösung Frage 1:

Entscheidungsgrundlage: Es gilt zu untersuchen, ob V nach § 29 HGB zur Anmeldung seiner Firma zum Handelsregister verpflichtet ist.

Voraussetzungen: Nach dieser Vorschrift ist zur Anmeldung ins Handelsregister jeder Kaufmann verpflichtet. Der Kaufmannsbegriff setzt nach § 1 HGB voraus:
- Bestehen eines Gewerbebetriebes,
- es sei denn, dass dieser nach Art und Umfang einen in kaufmännischer Weise eingerichteten Geschäftsbetrieb nicht erfordert.

Überprüfung: Das Steinbruchunternehmen des V ist ein Gewerbebetrieb, weil er selbstständig geführt und auf dauernde Gewinnerzielung ausgerichtet ist.

V beschäftigt 50 Arbeitnehmer, worunter sich mehrere kaufmännische befinden; der Maschinenpark ist sehr umfangreich. Der Umsatz dürfte entsprechend hoch sein. Das zeigt, dass sein Betrieb in kaufmännischer Weise eingerichtet ist. Der Ausnahmetatbestand liegt somit nicht vor.

Ergebnis: V ist somit nach § 29 HGB verpflichtet, seine Firma zur Eintragung ins Handelsregister anzumelden. Das Registergericht kann ihn dazu durch Festsetzung von Zwangsgeld anhalten (§ 14 HGB).

Lösung Frage 2:

Entscheidungsgrundlage: Die Antwort geben §§ 18 ff. HGB.

Voraussetzungen: Danach ist bei der Eintragung einer neugegründeten Einzelfirma erforderlich:

- Firmierung zur Kennzeichnung des Kaufmanns mit Unterscheidungskraft (§ 18 Abs. 1 HGB)
- keine täuschenden Zusätze (§ 18 Abs. 2 HGB)
- Bezeichnung „eingetragener Kaufmann", „e.K." oder eine andere allgemein verständliche Bezeichnung (§ 19 Abs. 1 Nr. 1 HGB)
- deutliche Unterscheidung von Firmen in der gleichen Gemeinde (§ 30 HGB).

Überprüfung: Die Firma ist der Name des Kaufmanns, unter dem er seine Geschäfte betreibt (§ 17 Abs. 1 HGB). Benutzt ein einzelkaufmännischer Unternehmer hierbei seinen privaten Vor-und Zunamen, so ist dies zur Kennzeichnung des Kaufmanns geeignet, individualisiert und hat daher Unterscheidungskraft. „Hermann Vogt e.K." erfüllt somit die erste Voraussetzung der Firmierung.

Der Zusatz ist aber in doppelter Hinsicht täuschend (§ 18 Abs. 2 HGB): Betriebe ist Plural; V hat jedoch nur einen Steinbruchbetrieb. Des Weiteren gibt V eine Alleinstellung vor, obwohl er nicht das einzige oder bekannteste Steinbruchwerk im Schwarzwald hat. Es gibt in der Umgegend mehrere große und bekannte Steinbruchbetriebe. Diese Irreführung ist so offenkundig, dass sie dem Registergericht als nicht eintragbar ersichtlich sein wird (§ 18 Abs. 2 Satz 2 HGB).

Beim zweiten Vorschlag „Stones for you e.K." geht es zunächst um das Problem, ob eine fremdsprachige Bezeichnung überhaupt als Firma eintragbar ist. Das ist der Fall, wenn die fremdsprachige Bezeichnung von den inländischen beteiligten Verkehrskreisen verstanden wird. Bei der Verwendung von alltäglichen Worten der englischen Sprache trifft dies zu. „Stones for you e.K." wird in seiner Bedeutung erfasst, nämlich als „Steine für dich". Eine derartige Fantasiebezeichnung ist dem Grunde nach möglich. Aber bei „Stones for you e.K." geht es um einen allgemeinen Hinweis rein beschreibender Art. Er weist keinerlei Individualität auf und hat daher nicht die zur Kennzeichnung des Kaufmanns notwendige Unterscheidungskraft (§ 18 Abs. 1 HGB).

Ergebnis: Beide Firmierungen sind somit unzulässig. Das Registergericht wird daher weder die eine noch die andere ins Handelsregister eintragen.

Fall 28

Der falsche Werbeleiter

U betreibt einen kleineren Versandhandel und ist im Handelsregister eingetragen. Sein Angestellter A ist u.a. für die Planung der notwendigen Werbemaßnahmen zuständig. Die entsprechenden Aufträge vergibt U selbst. A nennt sich im Betrieb stolz „Werbeleiter"; so wird er auch von seinen Arbeitskollegen bezeichnet. U lässt den A lächelnd gewähren.

Eines Tages spricht ein Anzeigenwerber des Wirtschaftshandbuchverlages X in den Geschäftsräumen des U vor, der gerade abwesend ist. Der Anzeigenwerber fragt nach dem Werbeleiter, worauf die Sekretärin des U antwortet: „Ach, Sie meinen sicher unseren Herrn A." Die weitere Frage des Werbers, ob dies der Werbeleiter sei, wird von der Sekretärin bejaht. Der herbeigerufene A ist erfreut darüber, dass er von dem Anzeigenwerber des X dauernd mit „Herr Werbeleiter" angeredet wird, und erteilt unter Verwendung des Firmenstempels einen Insertionsauftrag über 2000,– €.

Als U davon erfährt, lehnt er gegenüber X die Erfüllung des Vertrages ab. Er ist der Auffassung, der – inzwischen bei U ausgeschiedene – A sei zur Erteilung dieses Insertionsauftrages nicht berechtigt gewesen.

Frage: Ist U an den Vertrag gebunden?

Lösung:

Entscheidungsgrundlage: U ist an den Insertionsvertrag gebunden, wenn A ihn bei Vertragsschluss nach § 164 BGB wirksam vertreten hat.

Voraussetzungen: Die genannte Vorschrift verlangt:
- Abgabe einer Willenserklärung durch den Vertreter
- im Namen des Vertretenen
- innerhalb der ihm zustehenden Vertretungsmacht.

Überprüfung: A hat bei dem Vertragsschluss eine Willenserklärung, nämlich Angebot oder Annahme, abgegeben.

Er tat dies im Namen des U, da er dessen Firmenstempel verwendete (§ 164 Abs. 1 Satz 2 BGB).

Die Entscheidung hängt also davon ab, ob A Vertretungsmacht für U hatte. Hier kommt die Erteilung einer Handlungsvollmacht in Betracht (§ 54 Abs. 1 HGB).

Dafür wird vorausgesetzt:

- ein Kaufmann,
- der einen anderen ermächtigt
  - entweder zum Betrieb eines Handelsgewerbes
  - oder zur Vornahme einer bestimmten Art von Handelsgeschäften
  - oder zur Vornahme einzelner Handelsgeschäfte.

U ist Kaufmann; er ist im Handelsregister eingetragen (§§ 1, 29 HGB).

Die Erteilung der Handlungsvollmacht richtet sich nach § 167 BGB. Sie kann ausdrücklich oder – im Gegensatz zur Prokura (§ 48 Abs. 1 HGB) – stillschweigend erfolgen. Eine ausdrückliche Ermächtigung des A durch U liegt nicht vor. U könnte dem A jedoch durch Duldung stillschweigend Vollmacht erteilt haben. Eine solche Duldungsvollmacht erfordert, dass ein anderer als Stellvertreter eines Kaufmannes auftritt, dass dieser das Auftreten des anderen in seinem Namen kennt und nichts dagegen unternimmt (vgl. *Palandt*, Kommentar zum BGB, 70. Auflage, § 172 Randnr. 8). Gegenüber Dritten ist A aber bisher nicht als Stellvertreter des U aufgetreten. Er hat sich lediglich betriebsintern den Titel eines Werbeleiters zugelegt und sich von seinen Arbeitskollegen so anreden lassen. Deshalb liegt eine Duldungsvollmacht nicht vor.

Weiter kommt eine Vollmacht aus veranlasstem Rechtsschein in Betracht. Dieses von der Rechtsprechung in Erweiterung der §§ 170-173 BGB entwickelte Rechtsinstitut der Anscheinsvollmacht setzt voraus, dass ein Kaufmann in zurechenbarer Weise den Anschein einer Vollmacht gesetzt hat, dem der Geschäftspartner vertraut hat und auch vertrauen konnte (vgl. *Palandt*, Kommentar zum BGB, 70. Auflage, § 172 Randnr. 11). U ist Kaufmann, wie bereits dargelegt. Er hat es zugelassen, dass A sich selbst im Betrieb als Werbeleiter bezeichnete und auch von den anderen Betriebsangehörigen als solcher tituliert wurde. Hierauf ist es zurückzuführen, dass die Sekretärin des U gegenüber dem Anzeigenwerber des X den A als Werbeleiter ausgab und auch A sich selbst als solcher aufführte, indem er unter Verwendung des Firmenstempels einen Werbeauftrag erteilte. Diesen Rechtsschein muss sich U zurechnen lassen. Bei der gegebenen Sachlage durfte der Anzeigenwerber des X darauf vertrauen, dass er es mit einem Stellvertreter des U zu tun hatte, der auf dem Gebiet der Werbung Aufträge erteilen konnte. U muss sich daher so behandeln lassen, als ob er dem A Vollmacht zu einer bestimmten Art von Geschäften, nämlich denen eines Werbeleiters, erteilt hätte. Diese Artvollmacht umfasst die Erteilung eines Insertionsauftrages über 2000,– €.

Auch die dritte Voraussetzung des § 164 BGB ist somit erfüllt.

Ergebnis: U ist also an das Rechtsgeschäft gebunden.

Fall 29

Der eigenmächtige Personalchef

P ist Leiter der Personalabteilung im Unternehmen U. Er hat Prokura. In seiner Ernennungsurkunde ist festgelegt, dass er Arbeitnehmer bis zu einem monatlichen Einkommen von 4000,– € einstellen darf; im Übrigen braucht er die Zustimmung des Betriebsinhabers U.

Das Unternehmen suchte schon lange nach einem Spezialingenieur. P stieß zufällig auf A und handelte mit ihm einen Anstellungsvertrag über monatlich 5000,– € aus. Als A dann auf sofortige Vertragsunterzeichnung drängte, weil er anderweitig in Verhandlungen stünde, unterschrieb P kurzerhand mit „ppa".

A konnte die in ihn gesetzten Erwartungen in keiner Weise erfüllen. Ihm wurde daher zum frühest möglichen Termin gekündigt. U fragte sich:

Frage 1: Muss A bis zum Ablauf der Kündigungsfrist das volle Monatsgehalt bezahlt werden?
Frage 2: Wenn ja, kann dann von P Regress verlangt werden?

Lösung Frage 1:

Entscheidungsgrundlage: Die Gehaltsforderung könnte nach § 611 Abs. 1 BGB berechtigt sein.

Voraussetzungen: Diese Rechtsgrundlage setzt einen gültigen Dienstvertrag über 5000,– € voraus. Daran könnte es fehlen, wenn U durch P nicht wirksam vertreten worden ist. Wirksame Vertretung verlangt nach § 164 Abs. 1 BGB:

- Abgabe einer Willenserklärung durch den Vertreter
- im Namen des Vertretenen
- innerhalb der ihm zustehenden Vertretungsmacht.

Überprüfung: Der Prokurist P gab eine Willenserklärung ab, als er den Dienstvertrag mit A abschloss.

Diese Willenserklärung erfolgte auch im Namen des U. Das zeigt die Unterschrift: „ppa".

Es kommt damit allein noch darauf an, ob P auch entsprechende Vertretungsmacht hatte. P ist Prokurist. Die Vertretungsmacht des Prokuristen ist nach § 49 HGB umfassend; das Gesetz klammert nur ganz wenige Handlungen aus, die nicht durch die Prokura gedeckt sind. Ein solcher Ausnahmefall liegt hier nicht vor. Ein Prokurist hat die Befugnis, Arbeitsverträge abzuschließen. Daran ändert auch die Festlegung in der Ernennungsurkunde des P nichts, bei Einstellungen ab einem monatlichen Gehalt von 4000,– € die Zustimmung des U einholen zu müssen. § 50 Abs. 1 und 2 HGB bestimmen nämlich, dass der durch § 49 HGB festgelegte Umfang der Prokura durch Intern-Regelungen, wie hier, nicht mit Wirkung nach außen beschränkt werden kann. Der Prokurist P kann wirksam nach außen weitgehendere Verträge abschließen, als ihm im Innenverhältnis gestattet ist.

Ergebnis: Solange das Arbeitsverhältnis besteht, muss also das volle Monatsgehalt von 5000,– € bezahlt werden.

Lösung Frage 2:

Entscheidungsgrundlage: Die Regressforderung könnte ihre Grundlage in einem Schadensersatzanspruch aus Pflichtverletzung nach § 280 Abs. 1 BGB haben.

Voraussetzungen: § 280 Abs. 1 BGB setzt voraus:
- Bestehen eines Schuldverhältnisses
- eine Pflichtverletzung
- die der Schuldner zu vertreten hat.

Überprüfung: Zwischen P und U besteht ein Arbeitsverhältnis. Daraus geht nicht nur die Hauptleistungspflicht hervor, arbeiten zu müssen, sondern auch darüber hinaus die Nebenpflicht gemäß § 241 Abs. 2 BGB, alle vertraglichen Regeln mit U einzuhalten. Das bedeutet hier, keinen Arbeitnehmer mit einem Monatseinkommen über 4000,– € ohne Einverständnis des U einzustellen.

Gegen diese Nebenpflicht hat P verstoßen.

Diese Verletzung war vorsätzlich (§ 276 BGB). P hat sich über die ihm bekannte Regelung in der Ernennungsurkunde bewusst hinweggesetzt.

Ergebnis: P hat sich also schadensersatzpflichtig gemacht. Dabei ist an die Minderleistung des nicht befähigten A zu denken; die Schadenshöhe ist notfalls vom Gericht zu schätzen (§ 287 ZPO).

Fall 30

Die Konkurrenzprodukte des Handelsvertreters

Der Handelsvertreter H hat eine Vertretung des Schmuckwarenfabrikanten U, der Ketten und Colliers herstellt. Ein schriftlicher Vertrag besteht nicht. Danach übernimmt H, der nicht voll ausgelastet ist, eine weitere Vertretung der Schmuckwarenfirma X, die sich auf Ringe und Broschen spezialisiert hat. Als U hiervon erfährt, nimmt er dies hin, da er vom Sortiment der Firma X nicht tangiert wird.

Später nimmt X auch Schmuckketten und Colliers in ihr Herstellungsprogramm auf. Diese werden von H ohne Wissen des U über längere Zeit mitgeführt und der Kundschaft bevorzugt angeboten.

Frage 1: Als U dies erfährt, kündigt er dem H fristlos. Mit Recht?

Frage 2: H hat in letzter Zeit bei seiner Reisetätigkeit drei bestimmte Kunden nicht besucht, die daraufhin ihre Geschäftsverbindung mit U abgebrochen haben. U möchte dem H 2000,– € an fälliger Provision einbehalten und mit seinem Schaden verrechnen, der ihm in Form von Umsatzausfall entstanden ist. Ist U hierzu berechtigt?

Lösung Frage 1:

Entscheidungsgrundlage: Die Wirksamkeit der außerordentlichen Kündigung eines Handelsvertreters ist nach § 89a Abs. 1 HGB zu beurteilen.

Voraussetzungen: Erforderlich ist, dass ein wichtiger Grund vorliegt. Dies wird von der Rechtsprechung – in Anlehnung an die im Arbeitsrecht geltende Regelung – angenommen bei:

- erheblicher Pflichtverletzung
- Unzumutbarkeit der Fortsetzung für den Kündigenden, sei es auch nur bis zum Ablauf der ordentlichen Kündigungsfrist.

Überprüfung: Der mündlich abgeschlossene Vertrag bringt für H kein Wettbewerbsverbot. § 90a HGB bezieht sich nur auf Wettbewerbsabreden für die Zeit nach Beendigung des Vertragsverhältnisses. Auch fehlt für den Handelsvertreter eine Regelung, die den §§ 60, 61 HGB für Handlungsgehilfen entspricht. Jedoch hat der Handelsvertreter nach § 86 Abs. 1 HGB die Interessen des Unternehmers wahrzunehmen. Hiermit ist es unvereinbar, dass ein Handelsvertreter unmittelbare Konkurrenzerzeugnisse mitführt und anbietet. Dies hat H über längere Zeit hinweg getan. Darin liegt ein erheblicher Verstoß gegen die Pflicht aus § 86 Abs. 1 HGB. H kann sich auch nicht auf stillschweigende Gestattung durch U berufen. Eine solche bezog sich allenfalls auf Ringe und Broschen, da diese ja nicht zum Herstellungsprogramm des U gehörten.

Bei der Prüfung, ob dem U eine weitere Fortsetzung des Vertragsverhältnisses trotz des Wettbewerbsverstoßes des H zuzumuten ist, kommt es entscheidend auf die gesamten Umstände an. H hat direkte Konkurrenzartikel über längere Zeit heimlich mitgeführt und sogar bevorzugt angeboten. Er hat damit nachhaltig gegen das bestehende

Wettbewerbsverbot verstoßen. Danach erscheint eine Fortsetzung des Handelsvertreterverhältnisses für U als unzumutbar.

Ergebnis: Die außerordentliche Kündigung des U ist daher zu Recht erfolgt.

Lösung Frage 2:

Entscheidungsgrundlage: Die „Verrechnung" des U stellt rechtlich eine Aufrechnungserklärung dar. Ihre Wirksamkeit ist nach §§ 387 ff. BGB zu beurteilen.

Voraussetzungen: Hierfür wird vorausgesetzt:
- Gegenseitigkeit der Leistungen
- Gleichartigkeit
- Fälligkeit der Aktivforderung
- Erfüllbarkeit der Passivforderung
- Fehlen eines speziellen Aufrechnungsverbotes.

Überprüfung: U schuldet dem H eine Leistung, nämlich Provision in Höhe von 2000,– €.

Als Anspruchsgrundlage für eine Gegenforderung, nämlich für einen Schadensersatzanspruch des U gegen H, kommt § 89a Abs. 2 HGB nicht in Betracht. Diese Vorschrift bezieht sich nur auf den durch die Aufhebung des Vertragsverhältnisses entstehenden Schaden. Die behaupteten Umsatzverluste des U durch Kundenverlust sind aber während der Tätigkeit des H entstanden.

Dagegen kommt ein Schadensersatzanspruch wegen Pflichtverletzung nach § 280 Abs. 1 BGB in Betracht. Hierfür ist Voraussetzung:
- Bestehen eines Schuldverhältnisses
- eine Pflichtverletzung,
- die der Schuldner zu vertreten hat.

Zwischen U und H besteht ein Schuldverhältnis, nämlich ein Handelsvertretervertrag.

H war aber nicht verpflichtet, gerade die drei Kunden zu besuchen, auf die der U abhebt. Nach § 86 Abs. 1 HGB hat sich ein Handelsvertreter um die Vermittlung oder den Abschluss von Geschäften zu bemühen und dabei das Interesse des Unternehmers wahrzunehmen. Innerhalb dieses Rahmens kann er seine Tätigkeit im Wesentlichen frei gestalten und seine Arbeitszeit bestimmen (§ 84 Abs. 1 Satz 2 HGB). H war deshalb mangels einer besonderen vertraglichen Vereinbarung nur verpflichtet, Kunden zu besuchen; dieser Pflicht ist er nachgekommen. Zum Besuch bestimmter Kunden war er nicht verpflichtet. Es fehlt damit schon an der Voraussetzung der Pflichtverletzung. U hat somit keine aufrechenbare Gegenforderung gegenüber H.

Ergebnis: U ist daher nicht zur Aufrechnung berechtigt.

Fall 31

Warenkritik im Fernsehen

Die Fernsehanstalt X, eine juristische Person des öffentlichen Rechts, strahlte eine Sendung unter dem Titel „Made in Germany" aus, in der die nachlassende Qualität deutscher Industrieprodukte dargestellt wurde. Dabei wurden Erzeugnisse der verschiedensten Branchen ohne Nennung von Firmen oder Marken beispielhaft vorgeführt. Unter den gezeigten Waren befand sich auch eine von der Firma F hergestellte stromlose Teppichkehrmaschine, die eine besondere Form und eine charakteristische Anordnung der Bürstenrollen aufweist. Die Maschine wurde in Großaufnahme von unten gezeigt, sodass Form und Anordnung der Bürstenrollen deutlich erkennbar waren. Dazu wurde kommentiert, dass „diese Maschine jeden Teppich zerpflückt".

F verzeichnete infolge der Sendung einen erheblichen Umsatzrückgang. Den entgangenen Gewinn beziffert sie für die ersten 3 Monate auf 100 000,– €.

Als F sich deswegen an X wendet, rechtfertigt sich diese wie folgt: Der Autor der Sendung „Made in Germany" hat sich vor der Sendung an die Leiterin der Verbraucherzentrale des betreffenden Bundeslandes gewandt. Von dieser wurde ihm über verschiedene Klagen von Hausfrauen über die besagte Kehrmaschine berichtet. Ferner wurde ihm das Gutachten des Textillabors einer weltbekannten Firma vorgelegt, in dem ausgeführt wurde, dass die betreffende Kehrmaschine die Faser schädigt und aus dem Gewebeverband herausreißt. Daraufhin wurde die Teppichkehrmaschine in die Sendung „Made in Germany" aufgenommen.

Es stellt sich heraus, dass das Gutachten unrichtig war und die Maschine das Gewebe nicht zerpflückt oder beschädigt.

Frage: Ist F berechtigt, von X Schadensersatz in Höhe von 100 000,– € zu fordern?

Lösung:

Die Fernsehanstalt X hat als juristische Person für Delikte im Rahmen der §§ 89, 31 BGB einzustehen. Als Anspruchsgrundlagen kommen § 9 UWG, §§ 824, 823 Abs. 1 BGB in Betracht. Dabei ist das spezielle Gesetz (UWG) vor dem allgemeinen (BGB) zu prüfen; innerhalb des gleichen Gesetzes ist die speziellere Vorschrift (§ 824 BGB) vor der allgemeinen (§ 823 Abs. 1 BGB) zu behandeln.

1. Entscheidungsgrundlage: Zunächst ist § 9 UWG zu prüfen.

Voraussetzungen: Diese Vorschrift setzt voraus:

- Zuwiderhandlung gegen § 3 UWG, somit
  - geschäftliche Handlung
  - Unlauterkeit
  - Eignung zur spürbaren Beeinträchtigung der Interessen von Marktteilnehmern
- Vorsatz oder Fahrlässigkeit.

Überprüfung: Die Fernsehkritik an der Teppichkehrmaschine des F hängt nicht objektiv zusammen mit der Förderung des Absatzes der eigenen Anstalt oder eines fremden Unternehmens (§ 2 Nr. 1 UWG). Es ging in dieser Fernsehsendung vielmehr um journalistische Informationen über ein die Allgemeinheit interessierendes Thema nachlassender Warenqualität. Daher liegt hier schon die Rechtsvoraussetzung geschäftliche Handlung nicht vor.

Ergebnis: Damit entfällt schon die erste Voraussetzung des § 9 UWG.

2. Entscheidungsgrundlage: Weiter bietet sich § 824 BGB an.

Voraussetzungen: Hierfür wird vorausgesetzt:
- Behauptung oder Verbreitung einer Tatsache
- Unrichtigkeit der Tatsache
- Erwerbsgefährdung
- Kenntnis oder fahrlässige Unkenntnis von der Unrichtigkeit.

Überprüfung: X hat eine Tatsache behauptet, nämlich dass eine bestimmte, durch ihre Form und die Anordnung ihrer Bürsten identifizierbare Kehrmaschine „jeden Teppich zerpflückt".

Diese Behauptung war unrichtig.

Die Behauptung der X war für F erwerbsgefährdend. Zwar wurden bei der Sendung keine Namen genannt, jedoch war aus den charakteristischen Merkmalen der gezeigten Maschine erkennbar, dass es sich um ein Produkt der Firma F handelte. Für die Annahme der Erwerbsgefährdung genügt es, dass ein einzelnes Erzeugnis eines Unternehmens herabgesetzt wird.

Die Entscheidung hängt also davon ab, ob X ein Schuldvorwurf trifft. Dabei kann es sich hier nur darum handeln, ob X die Unrichtigkeit ihrer Behauptung infolge Fahrlässigkeit nicht kannte (vgl. § 122 Abs. 2 BGB). Fernsehanstalten dürfen grundsätzlich das für die Allgemeinheit wichtige Thema nachlassender Warenqualität behandeln und dabei auch beispielhaft auf einzelne Erzeugnisse hinweisen. Jedoch müssen sie wegen der weiten Verbreitung ihrer Sendungen und der großen Bedeutung für die betroffenen Unternehmen die Richtigkeit ihrer Behauptungen besonders sorgfältig prüfen und die vorhandenen Erkenntnisquellen umfassend heranziehen. Gegen diese Sorgfaltspflicht hat X hier nicht verstoßen. Sie konnte davon ausgehen, dass die Verbraucherzentrale als neutrale, mit branchenkundigem Personal besetzte Stelle über große Erfahrungen mit Haushaltsgeräten verfügte. Da die Auskunft der Verbraucherzentrale durch das Gutachten einer weltbekannten Firma bestätigt wurde, konnte X von der Richtigkeit dieser Angaben ausgehen. Eigene Untersuchungen waren bei dieser Sachlage nicht erforderlich.

Ergebnis: Da X nicht schuldhaft gehandelt hat, entfällt die Anwendung des § 824 BGB.

3. Entscheidungsgrundlage: Schließlich ist noch § 823 Abs. 1 BGB zu prüfen.

Voraussetzungen: Diese Vorschrift erfordert:
- Verletzung eines dort aufgeführten Rechtsgutes
- Widerrechtlichkeit
- Verschulden.

Überprüfung: Von den dort einzeln aufgeführten Rechtsgütern ist keines verletzt. Es kommt daher nur die Verletzung eines sonstigen Rechts im Sinne des § 823 Abs. 1 BGB in Betracht. Dabei muss es sich um ein absolutes Recht handeln, wie sich aus einem Vergleich mit der Aufzählung ergibt. Als solches hat die Rechtsprechung das Recht am eingerichteten und ausgeübten Gewerbebetrieb anerkannt. Damit wird ein umfassender Unternehmensschutz gegen Störungen von außen gewährleistet. Mit ihrer Sendung hat X in den eingerichteten und ausgeübten Gewerbebetrieb der F eingegriffen; sie hat ein bestimmtes Erzeugnis der F herabgesetzt.

Als Rechtfertigungsgrund kommt hier die Wahrnehmung berechtigter Interessen im Sinne des § 193 StGB in Betracht. Die Öffentlichkeit hat Anspruch auf Information; dem entspricht es, dass Fernsehanstalten auch in kritischer Form Informationssendungen ausstrahlen dürfen. Allerdings müssen die sachlichen Aussagen objektiv richtig sein. Das war hier nicht der Fall; deshalb handelte X nicht in Wahrnehmung berechtigter Interessen.

X hat nicht schuldhaft gehandelt. Auch hier kommt lediglich ein fahrlässiger Eingriff in den Gewerbebetrieb in Betracht. Wie bereits dargelegt, kann jedoch hier keine Fahrlässigkeit angenommen werden, weil X mit genügender Sorgfalt nachgeprüft hat.

Ergebnis: Damit scheidet auch § 823 Abs. 1 BGB aus. F kann daher keinen Schadensersatz von X verlangen.

Fall 32

Der kritische Start eines Softwareladens

A, Inhaber eines kleinen Softwarehandels, wollte sich ins Privatleben zurückziehen. Er fand in B den Interessenten, der das Geschäft übernehmen wollte. Beide schlossen einen so genannten Teilhabervertrag. Danach brachte A ein kleines Lager mit Software, den Verkaufsraum und den Ruf des alten Geschäftes ein, um dafür mit monatlich mindestens 1000,– € abgegolten zu werden. B erhielt für das Weiterführen des Geschäfts vorab 1800,– €. Ein höherer Gewinn sollte halbiert werden. Nach außen trat das Geschäft unter A und B auf. Eine Eintragung ins Handelsregister war vorgesehen, aber nicht erfolgt.

B erkannte im Laufe der Zeit immer deutlicher, dass die monatliche Belastung mit 1000,– € zu hoch ist. Er will selbstständig beginnen und möchte, um das Startrisiko herabzusetzen, für die erste Zeit das Geschäft A und B weiterführen, zugleich aber unter seinem Namen eigene Kunden gewinnen.

Frage 1: Bestehen rechtliche Bedenken gegen die Durchführung dieses Vorhabens?
Frage 2: Wenn ja, mit welchen konkreten Gegenmaßnahmen müsste B rechnen?

Lösung Frage 1:

Bedenken bestünden, wenn B bei seinem Vorgehen gegen ein spezielles gesetzliches Wettbewerbsverbot oder gegen die gesellschaftsrechtliche Treueverpflichtung verstoßen würde.

1. Entscheidungsgrundlage: § 112 HGB regelt für OHG-Gesellschafter das Verbot, im Handelszweige der OHG Geschäfte zu machen.

Voraussetzungen: Die Anwendung dieser Bestimmung hängt davon ab, ob eine OHG besteht. Dafür ist nach § 105 Abs. 1 HGB erforderlich:

- eine Gesellschaft,
- die ein Handelsgewerbe betreibt
- unter gemeinschaftlicher Firma
- bei unbeschränkter Haftung aller Gesellschafter.

Überprüfung: A und B haben sich zu einer Gesellschaft zusammengeschlossen. Sie verfolgen nämlich auf Grund des Teilhabervertrages einen gemeinsamen Zweck, die Fortführung des Softwarehandels (§ 705 BGB).

A und B betreiben aber kein Handelsgewerbe. Zwar ist der Softwarehandel ein Gewerbebetrieb. A und B wollen als Selbstständige auf Dauer Gewinn erzielen. Aber dieser Softwarehandel ist klein. Es steht nur ein kleines Lager zur Verfügung; der Umsatz ist gering. Ein in kaufmännischer Weise eingerichteter Gewerbebetrieb ist danach nicht erforderlich (§ 1 Abs. 2 HGB). Ein solcher Gewerbebetrieb ist nicht nach § 1 Abs. 1 HGB Handelsgewerbe, sondern kann es nach § 2 Satz 2 HGB allein über eine Eintragung ins Handelsregister werden. Diese ist bis jetzt nicht erfolgt.

Ergebnis: Da somit keine OHG vorliegt, steht das Wettbewerbsverbot des § 112 HGB dem Vorgehen des B nicht entgegen.

2. Entscheidungsgrundlage: § 161 Abs. 2 HGB überträgt das Wettbewerbsverbot für OHG-Gesellschafter aus § 112 HGB auf den Komplementär einer Kommanditgesellschaft; für den Kommanditisten gilt es hingegen nicht (§ 165 HGB).

Voraussetzungen: Dieses Wettbewerbsverbot setzt voraus, dass eine KG gegeben ist. Das erfordert nach § 161 Abs. 1 HGB:
- eine Gesellschaft,
- die ein Handelsgewerbe betreibt
- unter gemeinschaftlicher Firma
- bei beschränkter Haftung eines Teils und unbeschränkter Haftung des andern Teils der Gesellschafter.

Überprüfung: A und B haben sich, wie oben ausgeführt, zu einer Gesellschaft zusammengeschlossen.

Diese Gesellschaft betreibt aber, wie gleichfalls oben dargelegt, kein Handelsgewerbe.

Ergebnis: Da damit keine KG gegeben ist, steht dem Vorgehen des B auch nicht das Wettbewerbsverbot nach §§ 161 Abs. 2, 112 HGB entgegen.

3. Entscheidungsgrundlage: Nachdem kein spezielles gesetzliches Wettbewerbsverbot eingreift, bleibt zu prüfen, ob B gegen eine Treuepflicht aus §§ 242, 241 Abs. 2 BGB verstößt.

Voraussetzungen: Die Anwendung der §§ 242, 241 Abs. 2 BGB verlangt,
- dass eine Treuepflicht überhaupt besteht,
- dass sich diese Treuepflicht als Wettbewerbsverbot konkretisieren lässt.

Überprüfung: Die genannten Vorschriften gelten nach ihrem systematischen Standort im BGB für alle Schuldverhältnisse. Als Schuldverhältnis kommt hier eine BGB-Gesellschaft nach §§ 705 ff. BGB in Frage.

Dazu ist vorausgesetzt:
- ein vertraglicher Zusammenschluss
- zur Erreichung eines gemeinsamen Zweckes,
- der gemeinsam verfolgt wird.

A und B schlossen sich in dem Teilhabervertrag zur Erreichung eines gemeinsamen Zweckes, nämlich der Fortführung des Softwarehandels, zusammen. A brachte dazu Lager, Verkaufsraum und Ruf, B seine Arbeitskraft ein. Es liegt also ein Schuldverhältnis, nämlich eine BGB-Gesellschaft, vor.

§ 242 BGB hat im Schuldverhältnis BGB-Gesellschaft besondere Bedeutung. Es ist ein Dauerschuldverhältnis; die Interessen der Gesellschafter sind zudem auf das gleiche Ziel gerichtet. Hier müssen die Beteiligten ständig alles unternehmen, um das gemeinsame Ziel – einen möglichst hohen Gewinn aus der Fortführung des Softwarehandels – zu erreichen. Dagegen aber würde B verstoßen, wenn er parallel zu diesem Geschäft eigene Kunden gewinnen würde (vgl. *Palandt*, Kommentar zum BGB, 70. Auflage, § 705 Randnr. 27).

Ergebnis: Das beabsichtigte Vorhaben des B verstößt gegen die gesellschaftsrechtliche Treuepflicht.

Lösung Frage 2:

B müsste mit der Rückforderung des Gewinnes, möglicherweise auch mit dem Ausschluss aus der Gesellschaft rechnen.

1. Entscheidungsgrundlage: Die Rückforderung des Gewinnes könnte nach § 280 Abs. 1 BGB berechtigt sein.

Voraussetzungen: Kriterien sind:
- Bestehen eines Schuldverhältnisses
- eine Pflichtverletzung,
- die der Schuldner zu vertreten hat.

Überprüfung: Für B bestand die gesellschaftsrechtliche Treuepflicht. Das ist eine Nebenpflicht aus dem Gesellschaftsvertrag (§ 241 Abs. 2 BGB).

B verstößt gegen diese Treuepflicht, wenn er parallel eigene Kunden gewinnt.

Der Verstoß wäre vorsätzlich (§ 276 Abs. 1 Satz 1 BGB).

Ergebnis: Hiernach wäre B schadensersatzpflichtig; er müsste also der BGB-Gesellschaft den entgangenen Gewinn ersetzen (§ 252 BGB).

2. Entscheidungsgrundlage: Für einen Ausschluss ist § 737 BGB i.V.m. § 723 BGB die maßgebende Grundlage.

Voraussetzungen: Dafür ist im Einzelnen erforderlich:
- Verletzung einer wesentlichen Gesellschafterverpflichtung
- aus Vorsatz oder grober Fahrlässigkeit.

Überprüfung: B würde, wie oben dargelegt, gegen die Treuepflicht verstoßen, wenn er parallel eigene Abnehmer wirbt. Die Pflicht des Gesellschafters, Wettbewerb zu unterlassen, ist wesentlich.

B würde insoweit vorsätzlich handeln.

Ergebnis: A könnte also den B – sollte er in Wettbewerb zur BGB-Gesellschaft treten – auch aus der Gesellschaft ausschließen.

Fall 33

Neugründung einer Gesellschaft

A betreibt in gemieteten Räumen eine kleine Fahrschule, bestehend aus zwei älteren Fahrschulwagen, geringfügigem Mobiliar, einigem Lehr- und Werbematerial. Mit der Zeit wächst ihm das Geschäft über den Kopf. Er plant daher die Gründung einer GmbH, in die er seine Fahrschule als Einlage einbringen will. Ferner soll sich seine Ehefrau F mit einer Bareinlage von 5000,– € beteiligen, und schließlich soll sein Schwager S, der kürzlich die Fahrlehrerprüfung bestanden hat, eigenverantwortlich mitarbeiten. Das Stammkapital der GmbH soll 25 000,– € betragen, davon sollen 15 000,– € auf die Fahrschule des A entfallen, 5000,– € auf F, die restlichen 5000,– € auf S. Dessen Einlage soll nicht in bar erbracht, sondern mit noch zu erteilenden Fahrstunden verrechnet werden.

Frage 1: Was müsste zur Errichtung der geplanten GmbH unternommen werden, und ergeben sich dabei rechtliche Hindernisse?

Frage 2: Wäre – bei gleichem Sachverhalt – auch die Errichtung einer KG möglich mit A als Vollhafter sowie F und S als Kommanditisten?

Frage 3: Könnte A auch eine GmbH mit einem Stammkapital von 5000,– € errichten und die Einlage durch Einbringung der beiden Fahrschulwagen (Wert 7000,– €) leisten?

Lösung Frage 1:

Entscheidungsgrundlage: Die Errichtung einer GmbH ist in den §§ 1-12 GmbHG geregelt.

Voraussetzungen: Nach diesen Vorschriften vollzieht sich die Errichtung in drei Schritten:

- Abschluss eines Gesellschaftsvertrages (§§ 2-5 GmbHG)
- Bestellung des/der Geschäftsführer (§ 6 GmbHG), Erbringung bestimmter Leistungen auf das Stammkapital (§ 7 GmbHG) und sodann Anmeldung zur Eintragung in das Handelsregister (§§ 7 Abs. 1, 8 GmbHG)
- Prüfung der Eintragungsunterlagen durch das Registergericht und Eintragung in das Handelsregister (§ 11 Abs. 1 GmbHG).

Überprüfung: Nach § 1 GmbHG können Gesellschaften mit beschränkter Haftung zu jedem gesetzlich zulässigen Zweck errichtet werden, also auch zum Ausbilden von Fahrschülern. A, F und S müssten den Vertrag notariell beurkunden lassen (§ 2 GmbHG). Den Mindestinhalt des Vertrages legt § 3 GmbHG fest. Gegenstand und Sitz des Unternehmens bereiten keine Schwierigkeiten; über die Firma, die jede GmbH zu führen hat, müssten sich die Gesellschafter noch verständigen, wobei ihnen § 4 GmbHG einen weiten Spielraum lässt. Das vorgesehene Stammkapital von 25 000,– € entspricht dem gesetzlichen Mindestbetrag des § 5 Abs. 1 GmbHG, die Zahl und die Nennbeträge der Stammeinlagen müssen genau genannt werden. Da es sich hier nicht um eine Bargründung, sondern um eine Sachgründung handelt, müssen der Gegenstand der Sacheinlage und der Betrag der Stammeinlage des jeweiligen Gesellschafters, auf die sich die Sacheinlage bezieht, im Vertrag festgesetzt werden (§ 5 Abs. 4 GmbHG). Zusätzlich haben die Gesellschafter einen schriftlichen Sachgründungsbericht zu erstellen, der verdeutlichen soll, welche Überlegungen für den Einlagewert sprechen. Es empfiehlt sich, über den Wert der beiden Fahrschulautos Gutachten eines öffentlich bestellten und vereidigten Sachverständigen beizubringen. Die Geschäftsführer der GmbH müssen zwar nicht unbedingt im Gesellschaftsvertrag, sondern können auch noch später bestellt werden (§ 6 Abs. 3 GmbHG). Da hier aber Fremdgeschäftsführer nicht in Betracht kommen, empfiehlt es sich, die ohnehin notwendige Bestellung gleich in den Vertrag aufzunehmen. Wer zum Geschäftsführer bestellt werden soll, müssten die Beteiligten entscheiden.

Vor der Anmeldung der GmbH müssen bereits bestimmte Leistungen auf das Stammkapital erbracht werden. Insgesamt muss der Wert der geleisteten Bar- und Sacheinlagen mindestens 12 500,– € erreichen. Von jeder Bareinlage muss wenigstens ein Viertel bezahlt sein, sodass die F mindestens 1250,– € leisten müsste (§ 7 Abs. 2 GmbHG). Sacheinlagen dagegen müssen voll bewirkt sein (§ 7 Abs. 3 GmbHG). A müsste also seine Fahrschule, d.h. die einzelnen Gegenstände, auf die GmbH übertragen. Das dürfte hier keine Schwierigkeiten bereiten. Beim Schwager S hingegen ist das nicht möglich. Ansprüche auf künftige Dienstleistungen sind generell nicht einlagefähig (vgl. auch § 127 AktG analog).

Ergebnis: Die GmbH-Gründung kann so, wie es die Beteiligten vorgesehen haben, nicht erfolgen. Das Registergericht überprüft nämlich die Erbringung der gesetzlichen Mindestleistungen.

Lösung Frage 2:

Entscheidungsgrundlage: Eine KG könnte errichtet werden, wenn die Begriffsmerkmale des § 161 Abs. 1 HGB erfüllt sind.

Voraussetzungen: Diese Vorschrift verlangt
- eine Gesellschaft
- zum Betrieb eines Handelsgewerbes
- unter gemeinschaftlicher Firma
- bei unbeschränkter persönlicher Haftung wenigstens eines Gesellschafters und bei beschränkter persönlicher Haftung wenigstens eines weiteren Gesellschafters.

Überprüfung: Eine Gesellschaft beruht immer auf einem Gesellschaftsvertrag (§§ 161 Abs. 2, 105 Abs. 2 HGB, 705 BGB). Diesen Vertrag müssten A, F und S abschließen, wobei im Gegensatz zur GmbH eine Form nicht vorgeschrieben ist.

Der Zweck einer KG muss auf einen Betrieb eines Handelsgewerbes gerichtet sein, während eine GmbH zu jedem gesetzlich zulässigen Zweck errichtet werden kann. Nach § 1 Abs. 2 HGB ist Handelsgewerbe jeder Gewerbebetrieb, es sei denn, dass das Unternehmen nach Art und Umfang einen in kaufmännischer Weise eingerichteten Geschäftsbetrieb nicht erfordert. Eine kleine Fahrschule, die mit lediglich 2 Fahrzeugen keinen allzu hohen Umsatz bringt, erfordert keinen in kaufmännischer Weise eingerichteten Geschäftsbetrieb. Daher liegt ein Handelsgewerbe nach § 1 Abs. 2 HGB nicht vor.

Nach §§ 161 Abs. 2, 105 Abs. 2 Satz 1 HGB ist aber auch ein kleines Unternehmen berechtigt, sich als KG in das Handelsregister eintragen zu lassen.

Es ist eine gemeinschaftliche Firma erforderlich, die die Bezeichnung „Kommanditgesellschaft" beinhaltet, etwa „A KG".

Da A Vollhafter, F und S Kommanditisten werden sollen, ist das letzte Kriterium einer KG erfüllt.

Ergebnis: Die Errichtung einer KG kann so, wie die Beteiligten es vorgesehen haben, erfolgen. Das Registergericht überprüft hier die Art der Einlagen und deren Erbringung nicht. Die KG ist mit der Eintragung ins Handelsregister entstanden.

Lösung Frage 3:

Entscheidungsgrundlage: Eine GmbH kann gem. § 5 a GmbHG auch mit weniger als 25 000,- € Stammkapital gegründet werden.

Voraussetzungen: Für die Gründung einer GmbH mit weniger als 25 000,– € Stammkapital sind folgende Besonderheiten zu berücksichtigen:
- Das Stammkapital muss zwischen 1,– € und 24 999,– € liegen und auf volle Euro lauten.
- Das Stammkapital muss in bar und in voller Höhe erbracht werden.
- Die Gesellschaft muss jährlich mind. 25 % ihres Jahresüberschusses einbehalten.
- Zu der Firma muss der Zusatz: „Unternehmergesellschaft (haftungsbeschränkt)" oder „UG (haftungsbeschränkt)" hinzugefügt werden.

Überprüfung: Im vorliegenden Fall soll die Gesellschaft ein Stammkapital von 5000,– € aufweisen, was nach Vorstehendem grundsätzlich möglich ist. Jedoch muss das Stammkapital zwingend in bar erbracht werden. Eine Sachgründung ist gesetzlich ausgeschlossen. Daher kann das Stammkapital nicht durch Einbringung eines Fahrschulwagens erbracht und die Gesellschaft im Wege einer Sachgründung errichtet werden.

Ergebnis: Eine GmbH, wie A sie vorsieht, ist nicht zulässig.

Fall 34

Die Außenstände der Spirituosenfabrik

Die Spirituosenfabrik V beliefert die Gast- und Schankwirtschaften landauf landab mit Alkoholika. Die Zahlungen gehen insbesondere bei kleineren Wirtschaften, die allein von den beiden Ehegatten geführt werden, zögernd, ja überhaupt nicht ein. Die Mahnabteilung der Spirituosenfabrik wendet sich in diesen Fällen an das Handelsregister.

Frage 1: Auf welches Vermögen kann Zugriff genommen werden, wenn die Eheleute die Gastwirtschaft als GmbH betreiben?

Frage 2: Wie ist die Rechtslage, wenn die Gastwirtschaft als KG geführt wird und die Ehefrau Kommanditistin ist, die ihre Einlage noch nicht geleistet hat?

Frage 3: Was gilt schließlich für den häufigsten Fall, dass eine Eintragung im Handelsregister fehlt?

Lösung Frage 1:

Entscheidungsgrundlage: § 13 Abs. 2 GmbHG legt fest, dass nur das Gesellschaftsvermögen haftet.

Voraussetzungen: Es wird vorausgesetzt:
- Bestehen einer GmbH
- Verbindlichkeit der GmbH.

Überprüfung: Es besteht eine eingetragene GmbH. Diese ist Schuldnerin, da der Kaufvertrag über die Alkoholika in ihrem Namen abgeschlossen wurde (§§ 35 Abs. 1, 37 Abs. 2 GmbHG).

Ergebnis: Die Spirituosenfabrik kann also allein auf das Vermögen der GmbH und nicht auf Privatvermögen der Eheleute Zugriff nehmen.

Lösung Frage 2:

Als Zugriffsobjekt kommen in Betracht das Gesellschaftsvermögen der KG (§§ 161 Abs. 2, 124 HGB), das Privatvermögen des Komplementärs (§§ 161 Abs. 2, 128 HGB) sowie das Privatvermögen des Kommanditisten (§§ 161 Abs. 1, 171 HGB).

1. Entscheidungsgrundlage: Für die Haftung des Gesellschaftsvermögens sind die §§ 161 Abs. 2, 124 HGB maßgebend.

Voraussetzungen: Nach diesen Vorschriften ist erforderlich:
- Bestehen einer KG
- Verbindlichkeit der KG.

Überprüfung: Es besteht eine KG.

Auch schuldet die KG den Kaufpreis, da die Verbindlichkeit für sie eingegangen wurde (§§ 161 Abs. 2, 125, 126 Abs. 1 HGB).

Ergebnis: Es haftet danach das Vermögen der KG.

2. Entscheidungsgrundlage: Die Haftung des Privatvermögens des Komplementärs richtet sich nach §§ 161 Abs. 2, 128 HGB.

Voraussetzungen: Diese Bestimmungen setzen voraus:
- Bestehen einer KG
- Verbindlichkeit der KG
- den persönlich haftenden Gesellschafter.

Überprüfung: Die beiden ersten Voraussetzungen wurden oben dargelegt.

Der Ehemann ist persönlich haftender Gesellschafter. Nachdem eine KG vorliegt und die Ehefrau Kommanditistin ist, muss der Ehemann Komplementär sein.

Ergebnis: Es haftet also auch das Privatvermögen des Ehemannes.

3. Entscheidungsgrundlage: Für die Haftung des Privatvermögens des Kommanditisten sind die §§ 161 Abs. 1, 171 HGB heranzuziehen.

Voraussetzungen: Diese §§ 161 Abs. 1, 171 HGB verlangen:
- Bestehen einer KG
- Verbindlichkeit der KG
- den Kommanditisten.

Überprüfung: Die ersten beiden Voraussetzungen wurden bereits bejaht.

Die Ehefrau ist Kommanditistin.

Ergebnis: Es haftet also das Privatvermögen der Ehefrau in Höhe der ausstehenden Einlage mit.

Die Spirituosenfabrik kann also auf jeden Fall auf das Gesellschaftsvermögen der KG und das Privatvermögen des Ehemannes Zugriff nehmen; das Privatvermögen der Ehefrau haftet in Höhe der ausstehenden Einlage.

Lösung Frage 3:

Grundlage könnte §§ 124, 128 HGB oder § 705 BGB sein.

1. Entscheidungsgrundlage: Es ist zunächst die Haftung nach §§ 124, 128 HGB zu bedenken.

Voraussetzungen: Diese Vorschriften setzen voraus:
- Bestehen einer OHG
- Verbindlichkeit der OHG

Überprüfung: Eine OHG muss nach § 105 Abs. 1 HGB auf den Betrieb eines Handelsgewerbes gerichtet sein. Handelsgewerbe ist jeder Gewerbetrieb, es sei denn, dass er eine kaufmännische Einrichtung nicht erfordert (§ 1 Abs. 2 HGB). Die Gastwirtschaft ist klein, sodass ein in kaufmännischer Weise eingerichteter Geschäftsbetrieb nicht erforderlich ist. Daher liegt kein Handelsgewerbe nach § 1 Abs. 2 HGB vor, und da eine Eintragung ins Handelsregister fehlt, auch keine OHG nach § 105 Abs. 2 HGB.

Ergebnis: §§ 124, 128 HGB können daher keine Anwendung finden.

2. Entscheidungsgrundlage: Es bleibt die Regelung des § 705 BGB. Es könnte die Haftung einer BGB-Gesellschaft in Betracht kommen, wenn eine Verbindlichkeit der BGB-Gesellschaft besteht. Nach der Rechtsprechung ist die BGB-Gesellschaft rechtsfähig, sie kann also verpflichtet sein, die Alkoholika zu bezahlen.

Voraussetzungen:

- Bestehen einer BGB-Gesellschaft, nämlich
  - ein vertraglicher Zusammenschluss
  - zur Erreichung eines gemeinsamen Zweckes,
  - der gemeinsam verfolgt wird
- Verbindlichkeit der Gesellschaft

Überprüfung: Die Eheleute haben vereinbart, eine kleine Wirtschaft zu betreiben. Sie arbeiten zusammen, um diesen Zweck gemeinsam zu erreichen. Daher besteht eine BGB-Gesellschaft.

Eine Verbindlichkeit der BGB-Gesellschaft ist entstanden, wenn die Gesellschaft nach §§ 714, 709 BGB bei Abschluss der Kaufverträge vertreten wurde. §§ 714, 709 BGB gehen vom Grundsatz der Gesamtvertretung aus. Eine andere Ausgestaltung ist möglich. Das ist bei einer von Ehegatten gemeinsam betriebenen Gastwirtschaft anzunehmen. Es dürfte nämlich Einzelvertretungsmacht bestehen. Hier darf jeder Ehegatte allein mit den Kunden und Lieferanten Verträge zugunsten und zulasten der gemeinsamen Gastwirtschaft abschließen. Sollten die Ehegatten je anderes wollen, so müssten sie es gegenüber dem jeweiligen Vertragspartner zum Ausdruck bringen. Die Eheleute, von denen die Gastwirtschaft gemeinsam geführt wird, haben also die BGB-Gesellschaft verpflichtet.

Ergebnis: Es haftet die BGB-Gesellschaft.

Aufgrund der akzessorischen Haftung haften auch die Eheleute mit ihrem Vermögen gemäß § 128 HGB analog; ein Ausschluss der Haftung ihres Privatvermögens ist mit der Spirituosenfabrik V nicht vereinbart worden.

Fall 35

Die fehlgeschlagenen Investitionen

Ein chemisches Unternehmen, das von A, B und C in der Rechtsform einer OHG geführt wird, hatte, um das Produktionsprogramm ausweiten zu können, Kapital aufgenommen. Die Hausbank H gewährte ein Darlehen über 250 000,– €, der Gesellschafter A über weitere 150 000,– €. Die Investitionen erwiesen sich als Fehlschlag.

Frage 1: Von wem kann die Hausbank H die Rückzahlung des Darlehens verlangen?
Frage 2: Und von wem der Gesellschafter A?

Lösung Frage 1:

Entscheidungsgrundlage: Die Haftung für die Rückzahlung des Darlehens richtet sich nach §§ 124, 128 HGB.

Voraussetzungen: Diese Vorschriften setzen voraus:
- Bestehen einer OHG
- Verbindlichkeit der OHG

Überprüfung: Es besteht eine OHG (§ 105 HGB).

Die OHG schuldet die Rückzahlung des Darlehens, das von ihr bei H aufgenommen wurde (§§ 488 BGB, 125 HGB).

Ergebnis: Die Hausbank H kann also die Rückzahlung der 250 000,– € sowohl von der OHG, die nach § 124 HGB selbstständig Verbindlichkeiten eingehen kann, als auch von den drei Gesellschaftern nach § 128 HGB verlangen. Es besteht insoweit eine gesamtschuldnerische Haftung, sodass H den Darlehensbetrag nach Belieben von jedem der Schuldner ganz oder zu einem Teil verlangen kann (§ 421 BGB).

Lösung Frage 2:

Entscheidungsgrundlage: Maßgebend sind hier gleichfalls die §§ 124, 128 HGB. A ist Kreditgeber wie die Hausbank H und hat daher grundsätzlich die gleiche Rechtsstellung wie diese. Zu prüfen ist, ob sich Besonderheiten daraus ergeben, dass A nicht irgendein Kreditgeber ist, sondern zugleich Gesellschafter der OHG. Dies beurteilt sich nach § 242 BGB.

Voraussetzungen: § 242 BGB verlangt,
- dass eine Treuepflicht überhaupt besteht,
- dass diese Treuepflicht die Rückforderungsansprüche des Gesellschafters beschränkt.

Überprüfung: § 242 BGB gilt nach seinem systematischen Standort im BGB für alle Schuldverhältnisse. Die OHG ist ein Schuldverhältnis, da sie gemäß § 105 Abs. 3 HGB der BGB-Gesellschaft weitgehend gleichgestellt wird. Für jeden Gesellschafter der OHG besteht daher eine Treuepflicht.

Diese Pflicht führt zunächst dazu, dass sich A wegen der Darlehensrückzahlung in erster Linie an die OHG selbst halten muss. Seine Mitgesellschafter B und C sind nämlich nicht daran interessiert, mit ihrem Privatvermögen haften zu müssen. Dieses Interesse muss A als Kreditgeber, der zugleich Gesellschafter ist, berücksichtigen; er darf also grundsätzlich nicht auf das Privatvermögen seiner Mitgesellschafter Zugriff nehmen. Anderes kann nur in dem Ausnahmefall gelten, dass eine Befriedigung aus dem Gesellschaftsvermögen nicht oder nicht ohne besondere Schwierigkeiten möglich ist. In diesem Fall muss A, der Gesellschafter ist, berücksichtigen, dass im Innenverhältnis alle Gesellschafter anteilig haften (§ 426 BGB). Kein Gesellschafter ist daran interessiert, mehr leisten zu müssen, als seiner Internhaftung entspricht. Die Treuepflicht führt daher dazu, dass A von seinen Mitgesellschaftern B und C nur den Anteil verlangen kann, den diese nach der Regelung im Innenverhältnis zu tragen haben.

Ergebnis: Der Gesellschafter A kann also grundsätzlich die Rückzahlung des Darlehens über 150 000,– € nur von der OHG verlangen. Sollte der Zugriff auf das OHG-Vermögen besonders erschwert sein, kann A von B und C je 50 000,– € fordern.

Fall 36

Die unglückliche Dienstfahrt des Herrn Direktor

V, Vorstandsmitglied der X-AG, befindet sich mit privateigenem PKW auf Dienstfahrt. Aus Unachtsamkeit gerät er auf die linke Fahrbahnseite und verletzt dabei den Fußgänger F schwer.

Frage 1: Ist F berechtigt, von der X-AG Schadensersatz zu verlangen?

Frage 2: Könnte sich F auch dann an die Gesellschaft halten, wenn V Gesellschafter
a) einer OHG,
b) einer BGB-Gesellschaft gewesen wäre?

Lösung Frage 1:

1. Entscheidungsgrundlage: Ein Schadensersatzanspruch gegen die X-AG könnte zunächst auf § 823 Abs. 1 BGB gestützt werden.

Voraussetzungen: Diese Vorschrift verlangt:
- Verletzung eines dort aufgeführten Rechtsgutes
- Widerrechtlichkeit
- Verschulden.

Überprüfung: Die X-AG als solche ist nicht in der Lage, ein Rechtsgut zu verletzen. Sie ist nicht handlungsfähig. Damit fehlt schon die erste Rechtsvoraussetzung.

Ergebnis: Ein Schadensersatzanspruch kann somit nicht auf § 823 Abs. 1 BGB gestützt werden.

2. Entscheidungsgrundlage: Des Weiteren kommt Schadensersatz gegen die X-AG aus § 31 BGB in Betracht.

Voraussetzungen: Folgende Kriterien werden nach dieser Vorschrift gefordert:
- rechtsfähiger Verein
- Schädigung eines Dritten durch den Vereinsvorstand
- in Ausführung ihm zustehender Verrichtungen
- in einer zum Schadensersatz verpflichtenden Weise.

Überprüfung: Die X-AG ist nach §§ 22 BGB, 1 AktG ein rechtsfähiger Verein.

V ist Vorstandsmitglied der X-AG. Er fügt dem F körperlichen Schaden zu.

Diese Körperverletzung erfolgt bei einer Dienstfahrt.

V begeht gegenüber F eine zum Schadensersatz verpflichtende Handlung (§ 823 Abs. 1 BGB). Die Voraussetzungen dieser Bestimmung, die bereits oben dargelegt wurden, sind erfüllt: V verletzt Körper und Gesundheit des F und hat dazu keine Berechtigung. Da er aus Unachtsamkeit auf der linken Straßenseite fährt, lässt er die im Verkehr erforderliche Sorgfalt außer acht und handelt daher fahrlässig (§ 276 Abs. 2 BGB).

Ergebnis: Da somit alle vier Voraussetzungen des § 31 BGB erfüllt sind, ist F berechtigt, von der X-AG Schadensersatz zu verlangen.

Lösung Frage 2 a:

1. Entscheidungsgrundlage: Auch bei der OHG ist zunächst Schadensersatz aus § 823 Abs. 1 BGB zu prüfen.

Voraussetzungen: Die Kriterien dieser Regelung wurden bereits dargelegt.

Überprüfung: Die OHG als solche ist nicht in der Lage, F zu verletzen. Auch sie ist – wie die AG – nicht selbst handlungsfähig.

Ergebnis: Da somit schon die erste Voraussetzung von § 823 Abs. 1 BGB fehlt, kann F einen Schadensersatzanspruch auf diese Vorschrift nicht stützen.

2. Entscheidungsgrundlage: Zu untersuchen ist auch hier, ob F den Schadensersatzanspruch auf § 31 BGB stützen kann.

Voraussetzungen: Die Erfordernisse dieser Vorschrift wurden bereits erörtert.

Überprüfung: Die OHG ist kein rechtsfähiger Verein. Träger der Rechte und Pflichten ist nicht die Gesellschaft also solche, sondern sind die Gesellschafter in ihrer Gesamtheit (§§ 105 Abs. 3 HGB, 718 Abs. 1 BGB). Damit fehlt an sich die erste Voraussetzung für § 31 BGB. § 124 HGB verleiht jedoch der OHG weitgehend rechtliche Selbstständigkeit. Sie kann unter ihrer Firma Rechte erwerben und Verbindlichkeiten eingehen sowie vor Gericht klagen und verklagt werden. Damit wird die OHG einer juristischen Person stark angenähert. Daher wird § 31 BGB nach ständiger Rechtsprechung analog auf die OHG angewendet. Dass alle weiteren Voraussetzungen des § 31 BGB vorliegen, wurde bereits dargelegt.

Ergebnis: F ist also berechtigt, von der OHG in analoger Anwendung von § 31 BGB Schadensersatz zu fordern.

Lösung Frage 2 b:

1. Entscheidungsgrundlage: Bei der BGB-Gesellschaft ist gleichfalls § 823 Abs. 1 BGB heranzuziehen.

Voraussetzungen: Die Rechtsvoraussetzungen wurden schon oben dargelegt.

Überprüfung: Auch die BGB-Gesellschaft als solche ist handlungsunfähig und daher nicht in der Lage, den F zu verletzen. Daher fehlt es schon an der ersten Voraussetzung.

Ergebnis: F kann somit seinen Schadensersatzanspruch nicht auf § 823 Abs. 1 BGB stützen.

2. Entscheidungsgrundlage: Des Weiteren ist zu untersuchen, ob gegen die BGB-Gesellschaft der Schadensersatzanspruch auf § 31 BGB gegründet werden kann.

Voraussetzungen: Die Kriterien dieser Regelung wurden bereits dargestellt.

Überprüfung: Für die BGB-Gesellschaft gilt zunächst das Gleiche wie für die OHG oben dargestellt: Sie ist kein rechtsfähiger Verein (§ 718 Abs. 1 BGB). Damit fehlt an sich die erste Voraussetzung von § 31 BGB. Der BGH hat der BGB-Gesellschaft jedoch die Rechtsposition zuerkannt, selbst Träger von Rechten und Pflichten zu sein sowie vor Gericht die aktive und passive Parteifähigkeit zu haben. Insoweit ist die BGB-Gesellschaft der OHG in etwa gleichgestellt und somit wie diese einer juristischen Person angenähert. Damit ist folgerichtig auch für die BGB-Gesellschaft § 31 BGB analog anzuwenden.

Dass alle weiteren Voraussetzungen des § 31 BGB vorliegen, wurde bereits dargestellt.

Ergebnis: F ist also berechtigt, von der BGB-Gesellschaft in analoger Anwendung von § 31 BGB Schadensersatz zu fordern.

Fall 37

Der unzufriedene Gesellschafter

Die A-GmbH & Co. KG, ein metallverarbeitendes Unternehmen, besteht aus der A-Verwaltungs-GmbH, die keinen eigenen Geschäftsbetrieb hat, und aus den Kommanditisten A, B und C. A ist zugleich Geschäftsführer der GmbH. Der C, welcher an beiden Gesellschaften eine Minderheitsbeteiligung von 20 % hält, ist mit der Geschäftspolitik total unzufrieden. Er möchte daher so schnell wie möglich aus beiden Gesellschaften ausscheiden. Die Gesellschaftsverträge von KG und GmbH enthalten hierzu keine Regelung. A und B haben bereits durchblicken lassen, dass sie mit dem Ausscheiden des C nicht einverstanden sind.

Frage 1: Kann C gegen den Willen seiner Mitgesellschafter aus der GmbH ausscheiden?
Frage 2: Und aus der KG?
Frage 3: Auf welche vertragliche Ausgestaltung hätten die Gesellschafter Wert legen sollen, um diese Konfliktsituation besser zu bestehen?

Lösung Frage 1:

Das GmbHG sieht eine Kündigung durch Gesellschafter nicht vor. Es kommt also allein eine Abtretung der GmbH-Beteiligung in Betracht. Die Abtretung ist ein Rechtsgeschäft zwischen dem alten und dem neuen Rechtsinhaber, also ohne die anderen Gesellschafter.

Entscheidungsgrundlage: Für die Abtretung ist § 15 GmbHG einschlägig.

Voraussetzungen: Dort wird vorausgesetzt:
- ein Geschäftsanteil an einer GmbH
- ein notariell beurkundeter Abtretungsvertrag (Abs. 3)
- das Fehlen einer die Abtretung erschwerenden Vertragsregelung (Abs. 5).

Überprüfung: C ist Gesellschafter der A-GmbH, er hat also einen Geschäftsanteil (§ 14 i.V. mit § 5 GmbHG).

Ein notarieller Abtretungsvertrag kann abgeschlossen werden.

Der Gesellschaftsvertrag der GmbH enthält zur Abtretung keine Regelung, erschwert sie also nicht.

Ergebnis: A könnte seinen Geschäftsanteil abtreten; damit wäre er aus der GmbH ausgeschieden. Sein einziges Problem besteht darin, einen Erwerber zu finden.

Lösung Frage 2:

Das Recht der Personengesellschaften, zu denen die KG gehört, sieht eine Abtretung von Mitgliedschaften nicht vor. Wegen der hier vorhandenen persönlichen Bindung kommt ein Wechsel von Gesellschaftern gegen den Willen der anderen nicht in Betracht. Ob vertraglich eine Abtretung der Mitgliedschaft vereinbart werden kann, braucht hier nicht geprüft zu werden, da der Gesellschaftsvertrag der KG keine derartige Regelung enthält.

Entscheidungsgrundlage: Eine allein mögliche Kündigung könnte gemäß §§ 161 Abs. 2, 132 HGB erfolgen.

Voraussetzungen: Diese Vorschriften verlangen

- eine KG,
- die auf unbestimmte Zeit eingegangen ist
- fristgerechte Kündigung durch einen Gesellschafter.

Überprüfung: Es besteht eine KG.

Von einer Befristung derselben sagt der Sachverhalt nichts.

C als Gesellschafter könnte mit sechs Monaten Frist zum Ende eines Geschäftsjahres kündigen. Für die Erklärung ist vom Gesetz keine Form vorgesehen. Sie müsste dem A als Vertreter der Komplementär-GmbH zugehen (§ 35 Abs. 2 Satz 3 GmbHG).

Ergebnis: Eine Kündigung des C würde nicht zur Auflösung der Gesellschaft, sondern zum Ausscheiden des C führen (§§ 161 Abs. 2, 131 Abs. 3 Nr. 3 HGB). C würde dann zum Schluss des Geschäftsjahres ausscheiden.

Lösung Frage 3:

Die Konsequenzen der gesetzlichen Regelung sind unerfreulich, vor allem für die verbleibenden Gesellschafter A und B. Bei der GmbH dringt durch die Abtretung ein unerwünschter Dritter in die Gesellschaft ein. Bei der KG ist das zwar nicht der Fall, dafür fließen aber Eigenmittel ab, denn der ausscheidende Gesellschafter erhält sein Auseinandersetzungsguthaben (§§ 161 Abs. 2, 105 Abs. 2 HGB, 738 BGB). Die Personenidentität zwischen beiden Gesellschaften ist nicht mehr gegeben, die Beteiligungsverhältnisse verschieben sich.

Zur Vermeidung dieser Ergebnisse hätten die vertraglichen Regelungen in den Gesellschaftsverträgen von vornherein aufeinander abgestimmt werden müssen. Das Ausscheiden aus der einen Gesellschaft müsste auch das zeitgleiche Ausscheiden aus der anderen zur Folge haben. Die freie Abtretbarkeit des GmbH-Geschäftsanteils hätte eingeschränkt, z.B. von der Zustimmung der übrigen Gesellschafter abhängig gemacht werden sollen. In den Vertrag der KG hätte aufgenommen werden sollen, dass die Kommanditisten verpflichtet sind, zugleich mit der Abtretung des Geschäftsanteils der GmbH auch ihre Beteiligung an der KG auf den Erwerber zu übertragen.

Fall 38

Die Bürgschaft des Schwiegervaters

U betreibt ein kleines Unternehmen, das finanziell sehr schlecht dasteht. Seine Bank verlangt für den stark angewachsenen laufenden Kredit zusätzliche Sicherheiten. In dieser Lage wendet sich U an seinen Schwiegervater B, einen Großhändler, der sich – ein letztes Mal – bereit findet zu helfen. B schreibt mit E-Mail an die Bank:

„Bürge für die Kreditrückzahlungen meines Schwiegersohnes U in Höhe von 50 000,– € ... B“.

Das Unternehmen des U blieb finanziell schwach. Die Bank hielt sich später an den Bürgen B, der sich, um von diesem Rückgriff loszukommen, überlegte:

Frage 1: Bedurfte diese Bürgschaft nicht einer Form?
Frage 2: Wurde die Form eingehalten?

Lösung Frage 1:

Entscheidungsgrundlage: Die Bürgschaftserklärung muss nach § 766 BGB zu ihrer Gültigkeit schriftlich erteilt werden. § 350 HGB macht von diesem Grundsatz eine Ausnahme.

Voraussetzungen: Bei § 350 HGB wird vorausgesetzt, dass die Bürgschaft auf der Seite des Bürgen ein Handelsgeschäft ist. Das bedeutet gemäß § 343 HGB, dass

- der Bürge Kaufmann ist und
- die Bürgschaft zum Betrieb seines Handelsgewerbes gehört.

Überprüfung: B betreibt als Großhändler ein Handelsgewerbe und ist deswegen Kaufmann (§ 1 Abs. 1 HGB).

Nach § 344 Abs. 1 HGB wird vermutet, dass die von einem Kaufmann vorgenommenen Rechtsgeschäfte auch zum Betrieb seines Handelsgewerbes gehören. Diese Vermutung kann B aber widerlegen. Zwar genügt dazu nicht, dass B diese Bürgschaft aus familiären und nicht geschäftlichen Gründen gewährte. B muss nach herrschender Auffassung außerdem dartun, dass dieser Privatcharakter der Bürgschaft auch der Bank erkennbar gewesen ist. Das kann er hier. Die Bürgschaft lautet ausdrücklich zugunsten des Schwiegersohnes, nicht etwa eines Geschäftspartners. Auch gibt B allein seinen privaten Namen an; er benutzt keine Firmierung. Aus § 344 Abs. 2 HGB ergibt sich gleichfalls nichts anderes. Es liegt auch kein Schuldschein vor (§ 780 Abs. 1 BGB). Dazu hätte die Erklärung die eigenhändige Unterschrift des B tragen müssen.

Ergebnis: Die Bürgschaft des B bedurfte also der Schriftform; der Ausnahmefall des § 350 HGB ist nicht gegeben.

Lösung Frage 2:

Entscheidungsgrundlage: § 126 BGB legt fest, was zur Einhaltung einer gesetzlich vorgeschriebenen Schriftform erforderlich ist.

Voraussetzungen: Es kommt auf die eigenhändige Namensunterschrift an.

Überprüfung: Eine e-mail Übermittlung, wie hier, reicht dazu nicht aus. Das folgt aus § 766 Satz 2 BGB.

Ergebnis: Die gesetzlich vorgeschriebene Schriftform wurde also nicht eingehalten; die Bürgschaft des B ist daher nichtig (§ 125 Satz 1 BGB).

Fall 39

Die misslungene Teppich-Reinigung

Die Hausfrau H gab einen wertvollen Seidenteppich zur Reinigung in den Fachbetrieb des C, der auf die Reinigung von wertvollen Orientteppichen spezialisiert ist. Die Behandlung war ein totaler Misserfolg; der Teppich bekam deutliche Flecken und einen größeren Riss. Ein Sachverständiger, der hinzugezogen wurde, erklärte, der Teppich sei erledigt; weder eine Nachbehandlung noch Kunststopfen könnten daran etwas ändern.

Die Reinigung C bezahlte den 15fachen Reinigungspreis als Schadensausgleich. Sie verwies auf ihre Geschäftsbedingungen, die in Ziffer 7 unter dem Stichwort „Haftung für Sachschäden" im Einzelnen regeln:

„Wir haften nur in Höhe des Zeitwertes, höchstens bis zum 15fachen unseres Preises für die Reinigung von Teppichen. Eine etwaige Haftung in voller Höhe wegen vorsätzlicher oder grob fahrlässiger Beschädigung bleibt unberührt. Bei besonders wertvollen Teppichen, Museumsstücken etc. wird mit Rücksicht auf die Haftungsbegrenzung der Abschluss einer zusätzlichen Versicherung empfohlen."

Diese Bedingungen sind im Geschäftsraum der Reinigung an zentraler Stelle ausgehängt. Auch liegen Antragsformulare für den Abschluss der angebotenen Versicherung auf.

Frage 1: Besteht H zu Recht auf vollen Schadensausgleich? Der Teppich hatte einen Verkehrswert von 9500,– €.

Frage 2: Wie wäre die Rechtslage, wenn der Teppich nicht von der Hausfrau H, sondern dem Einrichtungshaus E, das seit Jahren in Geschäftsverbindung zu C steht, zur Reinigung übergeben worden wäre?

Lösung Frage 1:

AGB haben als vertragliche Regelung Vorrang vor dem Gesetz (§ 306 Abs. 2 BGB). Es ist daher zuerst zu prüfen, ob hier die AGB der Reinigung C die gesetzliche Regelung verdrängt haben.

1. Entscheidungsgrundlage: Es wäre dann die Ziffer 7 der AGB Grundlage für die Beurteilung der Schadensersatzforderung der H.

Voraussetzungen: Die Geltung von AGB setzt voraus:
- die Einbeziehung in den Vertrag (§ 305 Abs. 2 BGB)
- die inhaltliche Zulässigkeit der einzelnen Klausel (§§ 307 ff. BGB).

Überprüfung: Die AGB könnten durch den bloßen Aushang im Geschäftsraum des C Vertragsbestandteil geworden sein. Dies würde nach § 305 Abs. 2 Nr. 1, 2. Alt. BGB erfordern:
- unverhältnismäßige Schwierigkeiten für einen ausdrücklichen Hinweis
- einen deutlich sichtbaren Aushang der AGB
- Verschaffung der Möglichkeit zur Kenntnisnahme sowie
- das Einverständnis der anderen Vertragspartei.

Bei einer Spezialreinigung von kostbaren Gegenständen wie Seidenteppichen wird üblicherweise ein Kundengespräch geführt; der Auftrag wird dann schriftlich aufgenommen. Da bereitet es keine unverhältnismäßigen Schwierigkeiten, auch noch ausdrücklich auf die Geltung der AGB hinzuweisen. Der Aushang reicht also nicht, um die AGB in den Vertrag einzubeziehen. Nur ausnahmsweise kann der ausdrückliche Hinweis durch einen deutlich sichtbaren Aushang ersetzt werden; dies wird insbesondere bei massenhaft geschlossenen Verträgen - meist über relativ geringwertige Gegenstände – angenommen (z.B. Reinigung für Bekleidungsstücke).

Der Regelfall der Einbeziehung von AGB, § 305 Abs. 2 Nr. 1, 1. Alt. BGB, verlangt:
- einen ausdrücklichen Hinweis des Verwenders
- Verschaffung der Möglichkeit zur Kenntnisnahme sowie
- das Einverständnis der anderen Vertragspartei.

Wenn die AGB des C nur im Geschäftsraum aushängen, dann ist das kein ausdrücklicher Hinweis auf ihre Geltung. Das ergibt sich zwingend aus § 305 Abs. 2 Nr. 1 2. Altern. BGB. Dort lässt das Gesetz einen mittelbaren Hinweis wegen besonderer Schwierigkeiten genügen. Wo diese, wie hier, nicht bestehen, muss der Verwender die andere Vertragspartei unmissverständlich darauf hinweisen, dass seine AGB gelten sollen.

Auch die letzte Möglichkeit nach § 305 Abs. 3 BGB, wie AGB Vertragsinhalt werden können, scheidet aus. Zwischen C und H war keine Rahmenvereinbarung geschlossen worden, in der im Voraus festgelegt wurde, dass für alle zukünftigen Reinigungsaufträge die AGB des C Geltung haben sollen.

Ergebnis: Die AGB des C wurden also nicht Vertragsbestandteil, sodass sich die Schadensersatzforderung der H nach den gesetzlichen Vorschriften richtet (§ 306 Abs. 2 BGB).

2. Entscheidungsgrundlage: Als gesetzliche Anspruchsgrundlage kommt § 634 Nr. 4 BGB in Betracht. H will den Schaden ersetzt haben, der durch die Schlechterfüllung entstanden ist, deswegen verweist § 634 Nr. 4 BGB auf § 280 BGB.

Voraussetzungen:
- Bestehen eines Werkvertrages
- Mangel des Werkes
- Vorbehalt des Bestellers bei Kenntnis des Mangels (§ 640 Abs. 2 BGB)
- Vorliegen der Voraussetzungen des § 280 BGB, nämlich
  - Pflichtverletzung durch Lieferung eines mangelhaften Werkes,
  - die der Unternehmer zu vertreten hat.

Überprüfung: Der Vertrag, der zwischen C und H zustande kam, war ein Werkvertrag. C schuldete einen Arbeitserfolg (§ 631 Abs. 2 BGB), nämlich den ordnungsgemäß gereinigten Teppich.

Diesen Werkvertrag erfüllte C mangelhaft. Es war vereinbart worden, dass der Teppich durch die Reinigung in einen sauberen Zustand gebracht wird. Diese vereinbarte Beschaffenheit hat der Teppich mit zusätzlichen Flecken und einem größeren Riss nicht (§ 633 Abs. 2 Satz 1 BGB).

C hat diese Pflichtverletzung zu vertreten. Entweder hat er selbst (§ 276 BGB) oder einer seiner Mitarbeiter (§ 278 BGB) fahrlässig gehandelt. Anders lässt sich der Ablauf nicht erklären. Ein ordentlicher Berufsvertreter – darauf kommt es nach § 276 Abs. 2 BGB an – hätte, anders als die Reinigung C, bei einem derartigen Schadensrisiko entweder den Teppich einer anderen Behandlung unterzogen oder von einer Reinigung überhaupt abgesehen.

Ergebnis: H kann gemäß § 634 Nr. 4 BGB von C Schadensersatz verlangen. Dieser Anspruch geht auf vollen Ausgleich der erlittenen Einbuße. H verlor einen Teppich, der einen Verkehrswert von 9500,– € hatte. Dieser Betrag – abzüglich des bereits geleisteten 15fachen Reinigungspreises – ist von C zu ersetzen (vgl. § 251 Abs. 1 BGB).

Lösung Frage 2:

Auch hier muss zunächst geklärt werden, ob die Haftungsfrage nach den AGB des C oder nach den gesetzlichen Vorschriften – § 634 Nr. 4 BGB – zu beurteilen ist.

Entscheidungsgrundlage: Die erste zu erörternde Grundlage ist also wiederum die Haftungsregelung in Ziffer 7 der AGB des C.

Voraussetzungen: Die Erfordernisse für die Geltung dieser AGB-Klausel sind bereits oben aufgeführt.

Überprüfung: Für die erste Voraussetzung – Einbeziehung der AGB in das einzelne Vertragsverhältnis – ist nicht § 305 Abs. 2 BGB maßgebend. § 310 Abs. 1 BGB stellt nämlich klar, dass § 305 Abs. 2 BGB gegenüber Unternehmern keine Geltung hat. Das Einrichtungshaus E ist aber Unternehmer (§ 14 BGB). Auf welche Weise AGB gegenüber Unternehmern in einen Vertrag einbezogen werden sollen, hat die Rechtsprechung entschieden. Ein Unternehmer muss widersprechen, wenn er aus den gesamten Umständen erkennen muss, dass sein Vertragspartner AGB zum Vertragsbestandteil machen möchte. Ein Einrichtungshaus muss wissen, dass Teppich-Reinigungen mit AGB arbeiten. Dies gilt insbesondere dann, wenn jahrelange Geschäftsbeziehungen bestanden haben. Das Nicht-Widersprechen bedeutete daher das Einverständnis mit den AGB des C.

Die zweite Voraussetzung für die Geltung der AGB – die inhaltliche Zulässigkeit der einzelnen Klausel, hier der Ziffer 7 der AGB des C – ist gegenüber Unternehmern gleichfalls anders zu beurteilen als im privaten Rechtsverkehr. Nach § 310 Abs. 1 BGB gelten die §§ 308, 309 BGB, die zwei Kataloge unzulässiger Klauseln, nicht gegenüber Unternehmern. Hier ist § 307 BGB, die Generalklausel, einziger Prüfungsmaßstab. Nach § 307 Abs. 2 Nr. 1 BGB, der diese Generalklausel konkretisiert, ist festzustellen: Ziffer 7 der AGB des C, die eine Haftungsbeschränkung auf den 15fachen Reinigungspreis bringt, weicht vom gesetzlichen Leitbild des § 634 Nr. 4 BGB ab, der vollen Schadensausgleich einräumt. Jedoch verlangt § 307 Abs. 1 BGB auch in einem solchen Fall eine Abwägung, ob diese Abweichung vom Gesetz tatsächlich zu einer unangemessenen Benachteiligung führt. Das wird man hier verneinen müssen. C bietet ja, um diese

Haftungsbeschränkung aufzufangen, den Abschluss einer Versicherung an. Entsprechende Antragsformulare liegen im Geschäftsraum des C aus. Dem kaufmännischen Dauerkunden E war es zuzumuten, diesen Weg zu gehen.

Ergebnis: Nach alledem ist für die Haftungsfrage allein die Ziffer 7 der AGB des C maßgebend. E kann von C nur den 15fachen Reinigungspreis als Schadensausgleich beanspruchen.

Fall 40

Der enttäuschte Leasingnehmer

Kaufmann K benötigte eine Funkanlage. Aus Finanzierungsgründen entschloss er sich für Leasing. Nach eingehender Prüfung wählte K aus einer Reihe von Angeboten das des Herstellers H aus. Dann vereinbarte er mit der L-GmbH, einer Leasing-Gesellschaft, dass diese die Funkanlage bei H kaufen und sie ihm für 4 Jahre zur Verfügung stellen werde. So geschah es.

Dem Leasingvertrag zwischen L und K lagen die AGB von L zugrunde. Darin hieß es u.a.:

„§ 5: Für Mängel der von uns überlassenen Sachen leisten wir nur in der Weise Gewähr, dass wir unseren Kunden unsere Ansprüche wegen Sachmängeln gegen die jeweiligen Lieferanten abtreten. Unsere Vertragspartner nehmen die Abtretung an. Ansprüche gegen uns wegen mangelnder Gebrauchsfähigkeit der Leasingsache stehen dem Kunden nicht zu."

Die Funkanlage wurde vereinbarungsgemäß direkt von H an K ausgeliefert. K bestätigte der L den Empfang der Anlage. Daraufhin zahlte L den vereinbarten Kaufpreis an H.

Die Anlage funktionierte von Anfang an nicht einwandfrei. K reklamierte dies unverzüglich bei L und bei H. L lehnte es unter Hinweis auf § 5 ihrer AGB ab, sich mit der Reklamation zu befassen. H bestritt jeglichen Mangel. Daraufhin stellte K der L die Anlage zur Verfügung und erklärte, er werde keinerlei Zahlungen leisten.

Frage 1: Ist L bei dieser Sachlage berechtigt, von K Zahlung der vereinbarten Leasingraten zu verlangen?

Frage 2: Ändert sich etwas, wenn H auf Verlangen des K schließlich doch in die Rücknahme der Funkanlage einwilligt, ohne dass L vorher gefragt wurde?

Lösung Frage 1:

Entscheidungsgrundlage: Als Anspruchsgrundlage kommt § 535 Abs. 2 BGB in Betracht.

Voraussetzungen: Danach kann Zahlung verlangt werden, wenn

- ein Mietvertrag besteht
- der Vermieter seine Verpflichtung aus dem Vertrag erfüllt hat.

Die zweite Voraussetzung folgt aus § 320 BGB; der Mietvertrag ist ein gegenseitiger Vertrag, bei dem die Leistung bis zur Bewirkung der Gegenleistung verweigert werden kann.

Überprüfung: Der zwischen L und K geschlossene Vertrag ist ein Finanzierungsleasingvertrag. Dieser Vertragstyp, im BGB nicht geregelt, trägt in Einzelheiten Züge des Kaufvertrages, entspricht aber mehr dem Leitbild der Miete, da dem Leasingnehmer wie einem Mieter das Objekt nicht zu Eigentum übertragen, sondern nur zum zeitweisen Gebrauch überlassen wird. Daher wendet die Rechtsprechung auf einen solchen Vertrag die Vorschriften über das Mietrecht entsprechend an.

Aufgrund dieses Vertrages ist L verpflichtet, dem K die Funkanlage in einem zu dem vertragsmäßigen Gebrauch geeigneten Zustand zu überlassen (§ 535 Abs. 1 Satz 2 BGB). Dies hat L nicht getan, denn die Anlage funktionierte von Anfang an nicht richtig. Für diesen Fall hat aber L ihre Gewährleistung in § 5 der AGB dahin eingeschränkt, dass sie dem Leasingnehmer K ihre kaufrechtlichen Ansprüche wegen Mängel der Sache gegen ihren Verkäufer H abtritt. Es ist daher zu prüfen, ob diese Klausel rechtlich zulässig ist. Dies beurteilt sich, da beide Vertragspartner Unternehmer sind, gemäß § 310 Abs. 1 BGB nur nach der Generalklausel des § 307 BGB. Danach sind Bestimmungen in AGB unwirksam, wenn sie den Vertragspartner entgegen Treu und Glauben unangemessen benachteiligen. Dies ist nach Absatz 2 Nr. 1 im Zweifel anzunehmen, wenn eine Regelung mit wesentlichen Grundgedanken der gesetzlichen Regelung, von der abgewichen wird, nicht zu vereinbaren ist.

Ein Vermieter haftet, wie die §§ 536, 536a BGB zeigen, für die Gebrauchsfähigkeit der Mietsache. Fehlt diese, dann erhält er den Mietzins nicht und muss ggf. Schadensersatz leisten. Die L-GmbH ist Leasinggeberin. Sie überlässt ihren Kunden Sachen, die sie zuvor selbst angeschafft hat, zum entgeltlichen Gebrauch. Insoweit stimmen Miete und Leasing überein. Dann entspricht es dem gesetzlichen Leitbild, dass der Leasinggeber die damit verbundenen Risiken, insbesondere für Mängel der Sache, tragen muss. Hiermit wäre § 5 der AGB von L unvereinbar, denn darin zeichnet sich L von der mietrechtlichen Gewährleistung frei. Allerdings tritt sie dafür ihre kaufrechtlichen Ansprüche wegen Mängel der Sache gegen den Hersteller H an ihren Leasingnehmer K ab, sodass dieser nicht rechtlos gestellt ist.

Die Rechtsprechung sieht eine derartige Regelung, wie sie für das Finanzierungsleasing typisch ist, als vereinbar mit § 307 BGB an (BGH NJW 2010, 2798). Sie begründet das mit den Besonderheiten dieser Art des Leasing. Hier ist es typischerweise der Leasingnehmer, der die benötigte Ware nach seinen Vorstellungen beim Hersteller oder Händler aussucht, mit diesem den Verwendungszweck erörtert und festlegt und daher in erster Linie beurteilen kann, ob die ihm überlassene Sache für seine Zwecke tauglich ist. Weil also der Leasingnehmer beim Lieferanten wie ein Käufer auftritt, wird er nicht unangemessen benachteiligt, wenn er allein auf die ihm abgetretenen kaufrechtlichen Ansprüche gegen den Verkäufer verwiesen wird. § 5 der AGB von L ist also zulässig.

Demgemäß hätte sich K wegen des Mangels der Funkanlage an H halten und diesen auf Nacherfüllung (§ 437 Nr. 1 BGB i.V. mit § 439 BGB) in Anspruch nehmen oder vom Kaufvertrag zurücktreten (§ 437 Nr. 2 BGB i.V. mit § 323 BGB) müssen. Das hat er nicht getan.

Ergebnis: K muss die Leasingraten bezahlen.

Lösung Frage 2:

Entscheidungsgrundlage: Auch hier kommt § 535 Abs. 2 BGB in Betracht.

Voraussetzungen: Die Kriterien dieser Vorschrift wurden oben dargelegt.

Überprüfung: Wie oben dargelegt, ist es rechtlich zulässig, dass L dem K ihre kaufrechtlichen Ansprüche wegen Lieferung einer mangelhaften Sache abtritt und ihn dadurch zwingt, gegen den Lieferanten H vorzugehen. Dies hat K hier getan. Er hat sich mit H auf die Aufhebung des Kaufvertrages geeinigt. Deswegen müssen die beiderseits erbrachten Leistungen zurückgegeben werden. Das hat zur Folge, dass dem Leasingvertrag zwischen L und K die Geschäftsgrundlage entzogen ist, denn L ist nur solange in der Lage, dem K die Funkanlage zu überlassen, wie der Kaufvertrag über die Anlage besteht. Daran ändert es auch nichts, dass K und H den Kaufvertrag ohne Zutun von L aufgehoben haben. Dem K waren die Ansprüche aus der Schlechtlieferung abgetreten worden; er konnte daher aus eigenem Recht den Kaufvertrag rückgängig machen. Eine vorherige Zustimmung von L war in § 5 der AGB nicht vorgesehen.

Ergebnis: In diesem Fall muss K keine Leasingrate bezahlen.

Fall 41

Die vergessenen Zusatzteile

Maschinenfabrik V und Schmuckwarenhersteller K – beide im Handelsregister eingetragen – stehen in Vertragsverhandlungen über den Kauf einer Diamantfräsmaschine zur Oberflächenbearbeitung von Schmuckstücken. K interessiert sich für das Modell M 4 B, das 130 000,– € kostet. Er wünscht jedoch verschiedene Zusatzteile, die nicht zur Standardausrüstung gehören und weitere 13 000,– € kosten würden. Da K jedoch durchblicken lässt, dies sei erst ein Anfang, er habe noch größere Aufträge zu vergeben, erklärt sich V bereit, die Zusatzteile ohne Aufpreis zu liefern.

Durch ein Versehen des V werden die Zusatzwünsche des K bei der Auftragsbearbeitung nicht berücksichtigt.

Einen Tag nach Vertragsabschluss schreibt V an K: *„Wir bestätigen Ihnen bestens dankend den uns am 20.3. mündlich erteilten Lieferauftrag über eine Maschine unseres Modells M 4 B zum Preis von 130 000,– €. Unterschrift V".* K lässt dieses Schreiben unbeantwortet. Geliefert wird 3 Wochen später das Standardmodell ohne die Zusatzteile. Der empörte K fordert daraufhin den V auf, schleunigst die mündlich zugesagten Zusatzteile zu liefern, und teilt zugleich mit, V brauche mit weiteren Aufträgen nicht mehr zu rechnen.

Frage: Kann V die 130 000,– € von K verlangen, ohne seinerseits die Zusatzteile liefern zu müssen?

Lösung:

Grundlage könnte einmal der zunächst abgeschlossene Kaufvertrag und zum anderen das später übersandte Bestätigungsschreiben sein.

1. Entscheidungsgrundlage: Für das Zahlungsbegehren ist § 433 Abs. 2 BGB i.V. mit § 320 BGB maßgebend.

Voraussetzungen: Danach wird vorausgesetzt, dass
- ein Kaufvertrag zwischen den Beteiligten vorliegt
- V seinerseits die ihm obliegende Leistung erbracht hat
- oder K vorleistungspflichtig ist.

Überprüfung: V und K haben mündlich einen Kaufvertrag geschlossen. Sie waren sich darüber einig, dass V die Maschine Typ M 4 B nebst den vorgesehenen Zusatzteilen zum Preis von 130 000,– € an K liefern sollte.

V hat seine vertragliche Lieferpflicht nicht vollständig erfüllt. Er hat nur das Standardmodell ohne die vereinbarten Zusatzteile geliefert.

K ist auch nicht vorleistungspflichtig, da weder das Gesetz noch der abgeschlossene Kaufvertrag eine Vorauszahlung des Käufers vorsehen.

Ergebnis: Nach dem Vertrag kann V also zur Zeit keine Zahlung verlangen. Er muss zunächst die Zusatzteile liefern.

2. Entscheidungsgrundlage: Nach ständiger Rechtsprechung kann in bestimmten Fällen das Schweigen auf ein Bestätigungsschreiben eine Zustimmung zu dessen Inhalt sein. Dies ist eine Ausnahme von dem Grundsatz, dass Schweigen im Rechtsverkehr nicht als Zustimmung zu werten ist und geht auch über den engen Anwendungsbereich des § 362 HGB hinaus.

Voraussetzungen: Dafür werden folgende Voraussetzungen gefordert:
- beiderseitige Kaufmannseigenschaft
- vorausgegangenes Vertragsgespräch
- abweichendes Bestätigungsschreiben
- kein unverzüglicher Widerspruch des Empfängers
- keine Arglist des Bestätigenden.

Überprüfung: Sowohl V als auch K sind Kaufleute. Sie betreiben ein Gewerbe, das im Handelsregister eingetragen ist (§ 1 HGB).

Die Parteien haben ein Vertragsgespräch geführt, ja sogar einen mündlichen Vertrag geschlossen.

Dieser sollte durch das Schreiben des V an K bestätigt werden. Der Inhalt dieses Bestätigungsschreibens wich von dem mündlich Vereinbarten ab. Die Partner hatten sich auf eine Maschine des Typs M 4 B nebst verschiedenen, detailliert festgelegten Zusatzteilen zum Gesamtpreis von 130 000,– € geeinigt; bestätigt wurde dagegen lediglich ein Kaufabschluss über das Standardmodell ohne die Zusätze.

K hat dem Bestätigungsschreiben nicht rechtzeitig widersprochen. Er hat erst nach Auslieferung der Maschine, das war drei Wochen später, die fehlenden Zusatzteile gerügt. Dies war verspätet; der Widerspruch gegen ein kaufmännisches Bestätigungsschreiben muss in aller Regel innerhalb von zwei Tagen erhoben werden.

V hat nicht arglistig gehandelt. Die Abweichung zwischen dem mündlich Vereinbarten und dem Bestätigungsschreiben war nicht sehr erheblich. V ist auch nicht bewusst und in der Absicht, den K zu benachteiligen, von dem mündlichen Vertrag abgewichen, sondern die Abweichung beruhte auf einem Versehen.

Ergebnis: K muss also die 130 000,– € an V bezahlen, ohne die Zusatzteile zu erhalten. Dies beruht darauf, dass das unwidersprochen gebliebene Bestätigungsschreiben dem ursprünglich abgeschlossenen Kaufvertrag vorgeht. Es gilt dann der Inhalt des Bestätigungsschreibens als vereinbart.

Fall 42

Der Kratzer auf dem Schreibtisch

Die Immobilienmakler A und B, die in X-Stadt bereits bekannte Büros mit Millionenumsätzen betreiben, beabsichtigen, gemeinsam stark zu expandieren und in das überregionale Geschäft einzusteigen. Daher wollen sie eine OHG gründen. Bereits vor der Eintragung der Gesellschaft im Handelsregister – die am 1.4. erfolgt – kaufen sie u.a. bei dem großen Möbelgeschäft V im Namen der OHG einen Schreibtisch nach Katalog für 5000,– €. Der Schreibtisch wird am 1.3. geliefert; er hat auf der Tischplatte einen großen, gut sichtbaren Kratzer. Der A, für dessen Arbeitszimmer der Tisch bestimmt ist, befindet sich bei der Anlieferung gerade auf Erholungsreise. Deshalb wird der Kratzer erst am 20.3. bei V reklamiert. A und B verlangen Umtausch des Schreibtisches gegen ein anderes Exemplar der gleichen Ausführung von V. Dieser erwidert, die Mängelansprüche seien verspätet geltend gemacht.

Frage 1: Bestand ursprünglich ein Umtauschrecht?
Frage 2: Und besteht es jetzt noch?

Lösung Frage 1:

Entscheidungsgrundlage: A und B verlangen Umtausch, also Nacherfüllung in der Art der Lieferung einer mangelfreien Sache (§ 439 Abs. 1 BGB). Hierfür kommt § 437 Nr. 1 BGB in Betracht.

Voraussetzungen: Hierfür wird vorausgesetzt:
- Bestehen eines Kaufvertrages
- Mangel der Sache
- kein Haftungsausschluss
- Verlangen der Nacherfüllung durch den Käufer.

Überprüfung: Zwischen den Beteiligten wurde ein Kaufvertrag abgeschlossen (§ 433 BGB).

Der verkaufte Schreibtisch hatte einen entstellenden Kratzer an gut sichtbarer Stelle. Dies stellt einen Mangel dar. Ein solcher Schreibtisch eignet sich nämlich nicht für den gewöhnlichen Gebrauch. Er weist eine Beschaffenheit auf, die bei Büromöbeln nicht üblich und vom Käufer auch nicht zu erwarten ist (§ 434 Abs. 1 Nr. 2 BGB). Dieser Mangel war beim Gefahrübergang, das ist nach § 446 BGB der Zeitpunkt der Übergabe, bereits vorhanden.

Bei Abschluss des Kaufvertrages kannten A und B den Mangel nicht (§ 442 BGB).

A und B verlangen Nacherfüllung in der Art der Lieferung einer mangelfreien Sache (§ 439 Abs. 1 BGB).

Ergebnis: A und B waren daher grundsätzlich zum Umtausch berechtigt.

Lösung Frage 2:

Entscheidungsgrundlage: Das an sich bestehende Umtauschrecht könnte infolge verspäteter Mängelrüge gemäß § 377 HGB entfallen sein.

Voraussetzungen: Hierzu wird bestimmt, dass ein Mangel als genehmigt gilt unter folgenden Voraussetzungen:
- beiderseitiger Handelskauf
- Erkennbarkeit des Mangels
- fehlende rechtzeitige Rüge.

Überprüfung: Der Handelskauf gehört zu den Handelsgeschäften. Dies sind nach § 343 Abs. 1 HGB alle Geschäfte eines Kaufmanns, die zum Betrieb seines Handelsgewerbes gehören.

Der Verkäufer ist Kaufmann nach § 1 Abs. 2 HGB; mit seinem großen Möbelgeschäft betreibt er ein Handelsgewerbe. Der Verkauf eines Schreibtisches liegt im Rahmen des Geschäftsbetriebes des V.

Eine OHG ist zwar stets Kaufmann nach § 6 Abs. 1 HGB. Es ist aber fraglich, ob bei Kaufabschluss im Verhältnis zu V bereits eine OHG bestanden hat. Dies ist nach § 123 HGB zu beurteilen. Gemäß Abs. 1 wird die OHG Dritten gegenüber mit der Eintragung in das Handelsregister wirksam. Da der Kaufabschluss vor der Eintragung erfolgte, würde demnach ein Handelsgeschäft nicht vorliegen. Hiervon macht § 123 Abs. 2 HGB eine Ausnahme für den Fall, dass die OHG ihre Geschäfte schon vor der Eintragung in das Handelsregister aufnimmt. Sie wird dann schon im Zeitpunkt der Geschäftsaufnahme, also nicht erst mit der Handelsregistereintragung, gegenüber Dritten wirksam. Dies gilt jedoch nur, soweit sich nicht aus §§ 2, 105 Abs. 2 HGB ein anderes ergibt, d.h. soweit die Kaufmannseigenschaft nicht erst durch die konstitutive Eintragung in das Handelsregister erworben wird. Für eine größere Gesellschaft, also eine solche, die nach Art und Umfang einen in kaufmännischer Weise eingerichteten Geschäftsbetrieb erfordert, wie dies bei Unternehmen mit Millionenumsätzen der Fall ist, gelten die in § 123 Abs. 2 HGB genannten Ausnahmen nicht. Eine OHG besteht hier Dritten gegenüber schon ab dem früheren Geschäftsbeginn und nicht erst ab 1.4., dem Tag der Eintragung der OHG. Da der Schreibtisch für das betriebliche Arbeitszimmer des A bestimmt war, handelt es sich auch auf der Käuferseite um ein Handelsgeschäft. Es liegt also ein beiderseitiger Handelskauf vor.

Der Mangel war von vornherein erkennbar, weil der Tisch einen großen und gut sichtbaren Kratzer hatte.

Die Rüge erfolgte nicht unverzüglich, d.h. ohne schuldhaftes Zögern (§ 121 Abs. 1 BGB). Geliefert wurde bereits am 1.3., gerügt erst am 20.3.; das ist bei weitem zu spät.

Ergebnis: Das Umtauschrecht besteht daher nicht mehr.

Fall 43

Zu viel Cadmium

Das deutsche Unternehmen K kaufte mündlich bei der italienischen Firma V eine größere Menge neuseeländischer Muscheln. Nähere Vereinbarungen über die Ware wurden nicht getroffen. Die Muscheln wurden geliefert und von K entgegengenommen. Danach stellte das zuständige Veterinär-Untersuchungsamt in Deutschland hohe Cadmium-Werte in den Muscheln fest; die Messwerte überschritten die Richtwerte des Bundesgesundheitsministeriums um mehr als das Doppelte. Daher untersagte das Untersuchungsamt den Weiterverkauf der Muscheln.

Die vom Bundesgesundheitsministerium aufgestellten Richtwerte sind Orientierungswerte und sollen anzeigen, ob unerwünschte Schadstoffkonzentrationen in Lebensmitteln vorliegen. Die gelegentliche Überschreitung dieser Richtwerte führt in aller Regel noch nicht zu gesundheitlichen Schädigungen. Wenn der Richtwert aber um mehr als das Doppelte überschritten wird, ziehen die Untersuchungsämter das Lebensmittel aus dem Verkehr.

K erklärte daraufhin gegenüber V den Rücktritt vom Kaufvertrag und stellte V die Ware zur Verfügung. V erwiderte, diese deutschen Verwaltungsrichtlinien seien nicht maßgebend für den Kaufvertrag. Daher klagte V den Kaufpreis gegen K ein.

Frage 1: Wird die Klage Erfolg haben?

Frage 2: K hat die Essmuscheln in Deutschland an die Restaurantkette D weiterverkauft. Die Muscheln werden bei D wegen ihres hohen Cadmiumgehalts von der zuständigen Behörde beschlagnahmt. K verweigert jede Verantwortung; er ist der Ansicht, den Kaufvertrag korrekt erfüllt zu haben. Daraufhin erklärt D den Rücktritt vom Kaufvertrag. Nun klagt K den Kaufpreis gegen D ein. Wird er Erfolg haben?

Lösung Frage 1:

Hier muss zunächst die Vorfrage geklärt werden, nach welchem Recht dieser grenzüberschreitende Kaufvertrag zu beurteilen ist. In Frage kommen die Rechtsordnungen der Staaten, denen die Vertragsparteien angehören, also italienisches oder deutsches Recht. Weiter kommt aber auch die Geltung des UN-Kaufrechts („Convention on the International Sale of Goods" – im Folgenden abgekürzt CISG) vom 11.4.1980 in Betracht, das dann den nationalen Rechtsordnungen vorgehen würde.

Entscheidungsgrundlage dieser Vorfrage ist Art. 1 Abs. 1 CISG.

Voraussetzungen: Dieses Gesetz findet Anwendung, wenn

- ein Kaufvertrag über Waren vorliegt
- die Vertragsparteien ihre Niederlassung in verschiedenen Staaten haben
- diese Staaten Vertragsstaaten sind oder die Regeln des Internationalen Privatrechts zur Anwendung des Rechts eines Vertragsstaates führen würden
- die Vertragsparteien die Geltung des CISG nicht ausgeschlossen oder eingeschränkt haben (Art. 6 CISG).

Überprüfung: V und K haben einen Vertrag über Waren, nämlich neuseeländische Essmuscheln, geschlossen.

Sie haben ihre Niederlassungen in verschiedenen Staaten, nämlich in Italien und Deutschland.

Beide Staaten sind Vertragsstaaten: Die Republik Italien ist dem Übereinkommen der UN (CISG) am 1.1.1988, die Bundesrepublik Deutschland am 1.1.1991 beigetreten.

Die Anwendung des CISG wurde von V und K nicht vertraglich ausgeschlossen.

Ergebnis der Vorfrage: Das CISG findet auf den Kaufvertrag zwischen V und K Anwendung

Entscheidungsgrundlage ist Art. 53 CISG. Nach dieser Vorschrift hat der Käufer „nach Maßgabe des Vertrags und dieses Übereinkommens" den vereinbarten Kaufpreis zu zahlen.

Voraussetzungen sind
- das Bestehen eines Kaufvertrages
- die Vertragsmäßigkeit der gelieferten Ware nach den Artikeln 35 ff. CISG.

Überprüfung: Zwischen V und K besteht ein Kaufvertrag. Dieser unterliegt gemäß Art. 11 CISG keiner Form.

Ob die gelieferte Ware vertragsmäßig war, richtet sich in erster Linie nach den Parteivereinbarungen (Art. 35 Abs. 1 CISG). Daran fehlt es hier; zwischen V und K wurde nichts über die Schadstoffbelastung der Essmuscheln vereinbart. Bei fehlender Vertragsvereinbarung ist die Ware dann vertragsgemäß, wenn sie sich für den Zweck eignet, für den Ware der gleichen Art gewöhnlich gebraucht wird (Art. 35 Abs. 2a CISG). Das könnte hier deswegen verneint werden, weil die Muscheln aufgrund ihres Cadmiumgehalts in Deutschland nicht weiterverkauft werden konnten. Aber dies beruhte auf öffentlich-rechtlichen Bestimmungen im Käuferland Deutschland, die dem ausländischen Verkäufer nach Sachlage nicht bekannt waren, und die er auch nicht zu berücksichtigen brauchte. Es ist ihm nicht zuzumuten, die jeweiligen öffentlich-rechtlichen Bestimmungen der Länder, in die er exportiert, von sich aus zu ermitteln. Der Käufer kann vernünftigerweise nicht erwarten, dass der Verkäufer diese Standards kennt und berücksichtigt. Vielmehr ist es Sache des Käufers, dem Verkäufer die Eigenschaften der Ware mitzuteilen, auf die er kraft öffentlich-rechtlicher Bestimmungen Wert legt. K hätte hier die zulässige Schadstoffbelastung relativ leicht ermitteln und dem Kaufvertrag zugrunde legen können. Das hat er nicht getan, sondern sich mit der Lieferung von neuseeländischen Muscheln begnügt. Die gelieferte Ware war daher vertragsgemäß.

Ergebnis: K muss den vereinbarten Kaufpreis zahlen.

(Vgl. zu diesem Fall: BGH RIW 1995, 595 ff.)

Lösung Frage 2:

Entscheidungsgrundlage: Der innerdeutsche Kaufvertrag zwischen K und D ist nach deutschem Recht zu beurteilen. Der Kaufpreisanspruch stützt sich auf § 433 Abs. 2 BGB.

Voraussetzungen:
- Bestehen eines Kaufvertrages
- Erbringen der Leistung durch den Verkäufer
- kein Gegenrecht des Käufers, durch das der Kaufvertrag rückgängig gemacht wird.

Überprüfung: Der Kaufvertrag ergibt sich aus dem Sachverhalt.

K hat die neuseeländischen Muscheln an D geliefert.

Als Gegenrecht des Käufers D kommt ein Rücktritt vom Kaufvertrag in Betracht, den D ja erklärt hat. Rechtsgrundlage ist § 437 Nr. 2 BGB, der auf § 323 BGB verweist. Danach ist Rücktritt möglich unter folgenden Voraussetzungen:

- Bestehen eines Kaufvertrages
- Mangel der Sache
- kein Haftungsausschluss
- Vorliegen der Voraussetzungen des § 323 BGB, also
  - Bestimmen einer angemessenen Frist zur Nacherfüllung (Abs. 1)
  - oder Vorliegen eines Tatbestandes, der die Fristsetzung entbehrlich macht (Abs. 2)
  - erhebliche Pflichtverletzung (§ 323 Abs. 5 Satz 2 BGB).

Es besteht ein Kaufvertrag.

Eine Kaufsache ist fehlerhaft, wenn sie sich nicht für die gewöhnliche Verwendung eignet und nicht die übliche Beschaffenheit aufweist, die der Käufer erwarten kann, § 434 Abs. 1 Nr. 2 BGB. Die gewöhnliche Verwendung eines Nahrungsmittels besteht darin, dass es ohne Gefahr für die Gesundheit verzehrt werden kann. Da die Essmuscheln eine unzulässig hohe Schadstoffbelastung aufwiesen, stellten sie aber eine Gesundheitsgefahr dar; deshalb wurden sie auch von der Behörde aus dem Verkehr gezogen.

Dieser Sachmangel bestand bereits bei Gefahrübergang, nämlich bei der Übergabe (§ 446 BGB). D kannte diesen Mangel nicht (§ 442 BGB). Bei Kenntnis hätte sie die Muscheln nicht gekauft.

D hat dem K keine Frist zur Nacherfüllung, d.h. zur Lieferung mangelfreier Muscheln, gesetzt. Die Fristsetzung war hier aber nach § 323 Abs. 2 Nr. 1 BGB entbehrlich, weil der Schuldner K bereits ernsthaft und endgültig die Nachlieferung anderer Muscheln ohne Schadstoffbelastung verweigert hatte. Die hohe Schadstoffbelastung stellt eine erhebliche Pflichtverletzung dar. Damit war D zum sofortigen Rücktritt berechtigt. Diesen hat D auch erklärt. Somit besteht der Kaufvertrag nicht mehr.

Ergebnis: K kann keine Kaufpreiszahlung verlangen.

Teil III
Wettbewerbs- und Markenrecht

Fall 44

Eine zündende Sparidee

Bei F, einer deutschen Großbank, wurde die Idee einer völlig neuen Art des Ansparens geboren. Das normale Sparen wurde nach einem bestimmten Berechnungsmodus mit einer Lebensversicherung gekoppelt.

Frage: Konnte sich F diese besondere Idee des Lebensversicherungssparens schützen lassen?

Lösung:

Bei der Frage, ob F sich die Idee des Lebensversicherungssparens schützen lassen konnte, sind nach dem *Gewerblichen Rechtsschutz* folgende Möglichkeiten zu bedenken: die technischen Schutzrechte: Patent und Gebrauchsmuster, das ästhetische Schutzrecht: Geschmacksmuster sowie die Kennzeichnungsrechte: Marken, Unternehmenskennzeichen und Geschäftsabzeichen. Schutz nach dem *Urheberrecht* genießen die Werke der Literatur, Wissenschaft und Kunst.

1. Entscheidungsgrundlage: Patente werden vom deutschen Bundespatent- und Markenamt in München erteilt. Materielle Grundlage ist § 1 PatG; das Verfahren richtet sich nach §§ 35 ff. PatG.

Voraussetzungen: § 1 PatG stellt folgende materielle Kriterien auf:

- Erfindung
- Neuheit
- gewerbliche Anwendbarkeit
- erfinderische Tätigkeit.

Überprüfung: Eine Erfindung ist eine Lehre zum technischen Handeln. Sie liegt also auf dem Gebiet der Technik. Bei der Idee, Sparen mit Lebensversicherung zu koppeln, geht es um nichts Technisches. Ein Patentschutz scheitert bereits an der Voraussetzung Erfindung.

Ergebnis: F konnte sich diese Sparidee nicht als Patent schützen lassen.

2. Entscheidungsgrundlage: Auch für die Gebrauchsmustererteilung ist das Bundespatent- und Markenamt in München zuständig. Materielle Grundlage ist § 1 GebrMG; das Registrierungsverfahren erfolgt nach §§ 4 ff. GebrMG.

Voraussetzungen: § 1 Abs. 1 GebrMG nennt folgende Anforderungen:

- Erfindung
- Neuheit
- gewerbliche Anwendbarkeit
- erfinderischer Schritt.

Überprüfung: Diese Kriterien sind nahezu identisch mit denen des Patents. Auch hier geht es um eine Erfindung, also um das Gebiet der Technik. Eine besondere Sparidee hat damit nichts zu tun. Gebrauchsmusterschutz scheidet daher aus dem gleichen Grund wie der Patentschutz aus.

Ergebnis: Die Sparidee des F war als Gebrauchsmuster nicht schützbar.

3. Entscheidungsgrundlage: Wie für die technischen Schutzrechte, so ist auch für das ästhetische Schutzrecht Geschmacksmuster das Bundespatent- und Markenamt zuständig. Materielle Grundlage ist § 2 GeschmMG; das Registrierungsverfahren läuft nach §§ 11 ff. GeschmMG.

Voraussetzungen: § 2 Abs. 1 GeschmMG verlangt:

- Muster
- Neuheit
- Eigenart.

Überprüfung: Muster sind zwei- oder dreidimensionale Erscheinungsformen eines Erzeugnisses (§ 1 Nr. 1 GeschmMG), die über das Auge wirken und die Farb- und Formgestaltung betreffen. Ihr Gegenstand ist die konkrete Verkörperung einer ästhetischen Leistung. Alle diese Aspekte treffen auf die abstrakte Idee, das Sparen mit einer Lebensversicherung zu verbinden, nicht zu. Eine Idee wirkt nicht optisch, betrifft weder Farb- noch Formgestaltung und erfüllt das Erfordernis der Konkretisierung nicht. Damit ist bereits die erste Anforderung eines Geschmacksmusters nicht erfüllt.

Ergebnis: Auch Geschmacksmusterschutz scheidet aus.

4. Entscheidungsgrundlage: Das Kennzeichnungsrecht Marke kann entstehen durch Eintragung eines Zeichens in das vom DPMA geführte Register (§ 4 Ziff. 1 MarkenG). Materielle Grundlage hierfür ist § 3 MarkenG; das Verfahren erfolgt nach §§ 32 ff. MarkenG.

Voraussetzungen: Nach § 3 MarkenG können Gegenstand eines Markenschutzes sein

- Zeichen,
- die zur Waren- oder Dienstleistungsunterscheidung geeignet sind.

Überprüfung: Zeichen haben stets so beschaffen zu sein, dass sie in das Markenregister eingetragen werden können. Daher schreibt § 8 Abs. 1 MarkenG vor, dass Marken grafisch darstellbar sein müssen. Dies ist bei der bloßen Idee der Koppelung von Lebensversicherungsschutz mit Sparen jedoch nicht der Fall. Bereits die erste Rechtsvoraussetzung ist hier nicht erfüllt.

Ergebnis: Markenschutz durch Eintragung kann F nicht erlangen.

5. Entscheidungsgrundlage: Markenschutz kann – auch ohne Eintragung – durch Zeichenbenutzung entstehen, nämlich dann, wenn das Zeichen innerhalb beteiligter Verkehrskreise als Marke Verkehrsgeltung erworben hat (§ 4 Ziff. 2 MarkenG).

Voraussetzungen: Auch hier sind die allgemeinen Markenmerkmale des § 3 MarkenG erforderlich, die bereits oben aufgeführt sind.

Überprüfung: § 3 MarkenG nennt als Beispiele für Zeichen u.a. Wörter, Abbildungen und sonstige Aufmachungen. All diesen ist eines gemeinsam: Es liegt eine Konkretisierung vor, die sie sinnlich wahrnehmbar macht. Eine solche Verkörperung ist aber bei einer bloßen Sparidee nicht gegeben.

Ergebnis: Daher kann F Markenschutz durch Zeichenbenutzung nicht erlangen; außerdem entsteht die Marke kraft Benutzung nicht durch Eintragung in das Register.

6. Entscheidungsgrundlage: Für die besondere Lebensversicherungssparidee des F könnte auch das Unternehmenskennzeichen (§ 5 Abs. 1 MarkenG) als Schutzmöglichkeit in Betracht kommen.

Voraussetzungen: Nach § 5 Abs. 2 Satz 1 MarkenG sind geschützt:
- Zeichen,
- die im geschäftlichen Verkehr als Name, Firma oder als besondere Bezeichnung eines Geschäftsbetriebs oder Unternehmens benutzt werden.

Überprüfung: Zeichen im Sinne des § 5 Abs. 2 MarkenG sind solche, die der Kennzeichnung von Geschäftsbetrieben dienen, im Gegensatz zu den Marken, die zur Unterscheidung von Waren und Dienstleistungen bestimmt sind. Die abstrakte Idee dieses Lebensversicherungssparens stellt keine Individualisierung des Unternehmens selbst dar, weder als Name, noch als Firma, noch als besondere Geschäftsbezeichnung.

Ergebnis: Somit scheidet Rechtsschutz als Unternehmenskennzeichen schon aus materiellen Gesichtspunkten aus; aber auch aus formellen, denn man kann sich dieses Unternehmenskennzeichen nicht schützen lassen; es ist nicht eintragbar.

7. Entscheidungsgrundlage: Als weitere Möglichkeit, für die Sparidee des F Schutz zu erlangen, könnte man an Geschäftsabzeichen sowie an sonstige zur Unterscheidung des Geschäftsbetriebs bestimmte Zeichen denken, die nach § 5 Abs. 2 Satz 2 MarkenG den Unternehmenskennzeichen gleichgestellt werden.

Voraussetzungen: Aus § 5 Abs. 2 Satz 2 MarkenG ergeben sich folgende Kriterien:
- Geschäftsabzeichen oder sonstige Unterscheidungskennzeichen,
- die im geschäftlichen Verkehr benutzt werden, und
- Verkehrsgeltung haben.

Überprüfung: Kennzeichnungsschutz nach § 5 Abs. 2 Satz 2 MarkenG genießen solche Geschäftsabzeichen oder sonstige zur Unterscheidung des Geschäftsbetriebs von anderen Geschäftsbetrieben bestimmte Zeichen, die das Geschäft selbst kennzeichnen. Dies ist aber bei einer abstrakten Sparidee nicht der Fall.

Ergebnis: Somit scheidet ein Schutz als Geschäftsabzeichen schon aus begrifflichen Gründen aus, aber auch aus formellen: es ist nicht eintragbar.

8. Entscheidungsgrundlage: Das Urheberrecht wird nicht in einem besonderen Verfahren von einer Behörde erteilt. Es besteht ohne weiteres, wenn die materiellen Kriterien der §§ 1, 2 f. UrhG erfüllt sind.

Voraussetzungen: Nach § 1 UrhG genießen auf dem Gebiet der Literatur, Wissenschaft und Kunst urheberrechtlichen Schutz:
– Werke.

Das Vorliegen eines Werkes ist die einzige Rechtsvoraussetzung für das Entstehen eines Urheberrechts.

Überprüfung: Nach § 2 Abs. 2 UrhG sind Werke nur persönliche geistige Schöpfungen. Schon diese Wortfassung zeigt, dass es sich hier – qualitativ gesehen – nicht um Alltägliches, sondern um Herausragendes handeln muss. Dabei wird verlangt, dass sich die schöpferische Leistung in einer für Dritte sinnlich wahrnehmbaren Formgestaltung niederschlägt. An dieser Konkretisierung fehlt es auf jeden Fall bei der bloßen Idee des F, das Sparen mit Lebensversicherungen zu koppeln.

Ergebnis: Es bestand für F kein Urheberrecht. Außerdem können Urheberrechte nicht in einem Verfahren erteilt werden.

Fall 45

Die Eintragung einer Marke

X, ein Unternehmen der chemischen Industrie, hat „Mauxot" als Wortzeichen für die Waren: chemische Erzeugnisse für Heilzwecke und Gesundheitspflege, Entkeimungs- und Desinfektionsmittel, auch zur Luftverbesserung, beim Deutschen Patent- und Markenamt in München vorschriftsmäßig angemeldet.

Frage 1: Hat diese Anmeldung Aussicht auf Eintragung ins Markenregister?

Frage 2: Einen Monat nach Veröffentlichung des Zeichens „Mauxot" erhebt die chemische Fabrik A Widerspruch. Sie begründet diesen damit, dass „Mauxot" mit der eigenen Marke „Mauxat" verwechselt werden könne. Vor 2 Jahren nämlich war „Mauxat" für A als Wortzeichen für die gleichen Waren eingetragen und ist seitdem als Bezeichnung für einen Raumspray benutzt worden. Wird der Widerspruch des A Erfolg haben?

Frage 3: Über den entsprechend Frage 1 begehrten nationalen Schutz hinausgehend, will X in verschiedensten Staaten, international und europäisch, für „Mauxot" Markenschutz erlangen. Welche Möglichkeiten gibt es grundsätzlich und wie sind die jeweiligen Rechtswirkungen?

Lösung Frage 1:

Entscheidungsgrundlage: Ein beim Deutschen Patent- und Markenamt eingegangener Antrag auf Eintragung einer Marke wird nach §§ 36, 37 MarkenG in vierfacher Richtung geprüft.

Voraussetzungen: Erforderlich ist, dass

- die Anmeldung die formellen Voraussetzungen des § 36 MarkenG erfüllt
- die Anmeldung den gesetzlichen Anforderungen des § 3 MarkenG entspricht, also dass der Anmelder der Marke
  - ein Zeichen anmeldet,
  - das geeignet ist, Waren von denjenigen eines anderen Unternehmens zu unterscheiden
- keine absoluten Schutzhindernisse nach § 8 MarkenG und
- keine notorisch bekannten Marken nach § 10 MarkenG vorliegen.

Überprüfung: X hat die Anmeldung vorschriftsmäßig durchgeführt. Die verfahrensrechtlichen Anforderungen des § 36 MarkenG sind also erfüllt.

Auch die Voraussetzungen des § 3 MarkenG liegen vor. Danach können alle Zeichen als Marken geschützt werden, insbesondere Wörter, also auch das Wortzeichen „Mauxot". Diese Bezeichnung ist auch geeignet, die chemischen Erzeugnisse des X von Produkten anderer Unternehmen zu unterscheiden.

Absolute Schutzhindernisse nach § 8 MarkenG sind bei der Bezeichnung „Mauxot" nicht erkennbar, insbesondere ist sie grafisch darstellbar (§ 8 Abs. 1 MarkenG), ist unterscheidungskräftig und enthält auch keine Beschaffenheits- und Bestimmungsangaben (§ 8 Abs. 2 Nr. 1, 2 MarkenG).

Es gibt keine notorisch bekannte Marke mit älterem Zeitrang (§ 10 MarkenG), die mit „Mauxot" identisch oder ähnlich ist. Allbekanntsein wäre für eine solche erforderlich.

Ergebnis: Da somit alle Rechtsvoraussetzungen der §§ 36, 37 MarkenG vorliegen, erfolgt die Eintragung der angemeldeten Marke „Mauxot" in das Register und die Veröffentlichung (§ 41 MarkenG).

Lösung Frage 2:

Entscheidungsgrundlage: Der Widerspruch des A beurteilt sich nach § 42 MarkenG.

Voraussetzungen: Nach dieser Vorschrift ist ein Widerspruch dann erfolgreich, wenn

- er innerhalb von drei Monaten nach der Veröffentlichung der Eintragung erfolgt
- vom Inhaber einer Marke mit älterem Zeitrang erhoben wird und
- die Marke gelöscht werden kann, insbesondere nach § 9 Abs. 1 Nr. 2 MarkenG, also wenn
  - eine eingetragene Marke mit älterem Zeitrang mit der Marke identisch oder ähnlich ist,
  - die durch die beiden Marken erfassten Waren identisch oder ähnlich sind und
  - hierdurch beim Publikum Verwechslungsgefahr besteht.

Überprüfung: Der Widerspruch des A erfolgte einen Monat nach Veröffentlichung des angemeldeten Zeichens „Mauxot", also fristgerecht.

Für A wurde vor 2 Jahren das Widerspruchszeichen „Mauxat" eingetragen; A hat für seine Marke also den älteren Zeitrang.

Die beiden Zeichen „Mauxat" und „Mauxot" sind nicht identisch, aber ähnlich. Sie unterscheiden sich lediglich im zweitletzten Buchstaben. Die Waren, auf die sich beide Marken beziehen, sind identisch, nämlich die gleichen chemischen Erzeugnisse. Es steht also allein die Frage im Raum, ob auf Grund der eben dargestellten beiden Kriterien für das Publikum die Gefahr einer Verwechslung besteht. Maßgebend ist hier der Gesamteindruck der sich entgegenstehenden Zeichen auf die Durchschnittsauffassung der Abnehmerkreise. Dabei ist zu berücksichtigen, dass Wortzeichen in drei Richtungen wirken können: durch den Sinn, den Klang und das Schriftbild. „Mauxat" und „Mauxot" haben keinen gedanklichen Inhalt, keinen Sinn; beides sind reine Fantasiebezeichnungen. Eine diesbezügliche Verwechslungsfähigkeit scheidet also aus. Von der Klangwirkung her gesehen sind die beiden Zeichen jedoch verwechselbar. „Mauxat" und „Mauxot" haben die gleiche Konsonanten- und Vokalfolge mit Ausnahme des zweitletzten Buchstabens. Aber auch vom Bild her beurteilt, besteht Verwechslungsgefahr. Das Schriftbild von „Mauxat" und „Mauxot" ist nahezu gleich. Den Unterschied von a und o am Wortende übersieht man leicht.

Ergebnis: Da somit alle Rechtsvoraussetzungen von § 42 Abs. 1, 2 Nr. 1 MarkenG erfüllt sind, wird der Widerspruch von A erfolgreich sein.

Lösung Frage 3:

Da sich die Frage lediglich auf die grundsätzlichen Möglichkeiten eines internationalen und europäischen Markenschutzes bezieht, ist das übliche Arbeitsschema, Voraussetzungen und deren Überprüfung im Einzelnen, hier nicht anwendbar.

1. Möglichkeit

X kann „Mauxot" in all den Staaten, in denen er Markenschutz begehrt, jeweils einzeln anmelden. Sind diese Länder Mitglieder der Pariser Verbandsübereinkunft zum Schutz des gewerblichen Eigentums (PVÜ) – davon ist hier wohl auszugehen, weil über 180 Staaten diesen völkerrechtlichen Vertrag unterzeichnet haben –, so ist nach dem Prinzip der Inländerbehandlung (Art. 2 PVÜ) X dort so zu behandeln wie die jeweiligen eigenen Staatsangehörigen, da auch Deutschland PVÜ-Mitglied ist.

Dies bedeutet, dass der Antrag des X auf Markenerteilung sowie die weiteren formellen und die materiellen Voraussetzungen, die zur Erlangung der Marke erforderlich sind, in den einzelnen Staaten nach jeweiligem nationalen Recht geprüft werden.

Soweit hiernach „Mauxot" in den Drittstaaten als Marke akzeptiert wird, genießt sie dort Rechtsschutz nach dem jeweiligen nationalen Recht. Sie wirkt also dort wie die Marke eines eigenen Staatsangehörigen.

Für X ist dieses Verfahren der Einzelanmeldungen recht unerquicklich, denn es ist schwierig, langwierig, kostspielig und wegen der verschiedenen Rechtsordnungen mit Unsicherheitsfaktoren behaftet.

2. Möglichkeit

Ein vereinfachtes Verfahren ermöglicht das Madrider Markenabkommen über die internationale Registrierung von Marken (MMA), zu dessen Mitgliedern Deutschland und über weitere 80 Staaten gehören. Sollten einige der Länder, in denen X für „Mauxot" Markenschutz begehrt, nicht dem MMA angehören, so besteht in Bezug auf diese allein der Weg der eben dargestellten Einzelanmeldungen. Für die MMA-Mitglieder hingegen kann durch eine einzige Registrierung beim Internationalen Büro der WIPO (World Intellectual Property Organization) in Genf, einer Sonderorganisation der UNO, der gewünschte Markenschutz, die IR-Marke „Mauxot", entstehen.

Hier ergibt sich folgender Weg: X stellt den Antrag auf internationale Registrierung von „Mauxot" beim DPMA in München unter Benennung der Länder (§ 108 MarkenG), in denen Markenschutz begehrt wird, nachdem dieses Zeichen in die deutsche Markenrolle eingetragen worden ist.

Nach Weiterleitung an das Internationale Büro der WIPO in Genf wird dort die Marke ohne weitere Prüfung international registriert und im Blatt „Les Marques internationales" veröffentlicht. Damit ist der von X erwünschte Rechtsschutz grundsätzlich erreicht. Nachdem das Internationale Büro die Drittstaaten, in denen von X IR-Markenschutz begehrt wird, informiert hat, wird dort geprüft, ob „Mauxot" den eigenen nationalstaatlichen Markenvorschriften entspricht. Wird dies verneint, so wird der Schutz – wie bei eigenen Staatsangehörigen auch – verweigert.

Erfolgt keine Schutzrechtsverweigerung, so genießt „Mauxot" die gleiche Rechtswirkung wie eine im jeweiligen Drittstaat national erteilte Marke, d.h. sie wirkt dort in den jeweiligen nationalen Grenzen nach jeweils nationalem Recht.

3. Möglichkeit

X kann „Mauxot" auch als europäische Gemeinschaftsmarke anmelden. Rechtsgrundlage hierfür ist die Gemeinschaftsmarkenverordnung der EU vom 20.12.1993.

Dabei ist folgender Weg zu beschreiten: X stellt den Antrag, „Mauxot" als Gemeinschaftsmarke einzutragen beim Harmonisierungsamt für den Binnenmarkt (Marken, Muster und Modelle) in Alicante/Spanien (HABM). Von X als Deutschem kann der Antrag auch beim DPMA in München gestellt werden, welches den Antrag zum HABM weiterleitet. Dort kann für „Mauxot" durch ein einziges Eintragungsverfahren für das gesamte Gebiet der EU Markenschutz erlangt werden.

Das HABM prüft die Anmeldung, weitere formelle, vor allem aber materielle Voraussetzungen, insbesondere die absoluten und bei Widerspruch auch die relativen Eintragungshindernissen; dies alles entspricht in etwa dem deutschen Recht.

Ist „Mauxot" als Gemeinschaftsmarke eingetragen, so besteht einheitliche Wirkung für das gesamte Gebiet der EU (Art. 1 II GemeinschaftsmarkenVO). Im Gegensatz zu den IR-Marken, bei denen jeweils nationales Recht gilt, ist bei der Gemeinschaftsmarke europäisches Recht anzuwenden, nämlich die GemeinschaftsmarkenVO. Dabei ist noch anzumerken, dass das Gemeinschaftsmarkenrecht die nationalen Markenrechte nicht ersetzt, sondern neben sie tritt.

4. Möglichkeit

Schließlich kann X auch für den Fall, dass für „Mauxot" die Erteilung als Gemeinschaftsmarke erfolgt ist, beim HABM in Alicante IR-Markenschutz für bestimmte Staaten außerhalb der EU beantragen. Das Verfahren entspricht dann dem der international registrierten Marken über das DPMA, das unter der 2. Möglichkeit dargestellt ist.

Fall 46

Patentamtlich geschützt?

Parfümhersteller P hat für seine neue Parfüm-Kreation einen äußerst eleganten Flakon mit einer neuartigen Kombination von Vaporisateur und Verschlusskappe entwickelt. Beim Deutschen Patent- und Markenamt in München hat er sich für den Flakon ein Geschmacksmuster und für die Vaporisateur-Verschluss-Kappe ein Gebrauchsmuster eintragen lassen.

Auf dem Flakon steht goldfarben in deutlich sichtbarer Schrift „patentamtlich geschützt".

Frage: Ist der Hinweis wettbewerbsrechtlich zulässig?

Lösung:

Entscheidungsgrundlage: Die Antwort gibt § 3 Abs. 1 UWG, die Grundlagennorm des UWG, die hier im Zusammenhang mit § 5 Abs. 1 Nr. 3 UWG zu sehen ist.

Voraussetzungen: Die Kriterien nach § 3 Abs. 1 UWG sind:

- geschäftliche Handlung
- Unlauterkeit
- Eignung zur spürbaren Beeinträchtigung der Interessen von Marktteilnehmern.

Überprüfung: Der Werbehinweis „patentamtlich geschützt" auf dem Flakon ist eine geschäftliche Handlung, da sie mit der Förderung des Absatzes der Parfumerzeugnisse des K objektiv zusammenhängt (§ 2 Abs. 1 Nr. 1 UWG).

Die Unlauterkeit ist hier unter dem Gesichtspunkt der Irreführung zu prüfen. Eine solche liegt vor, wenn die geschäftliche Handlung unwahre Angaben oder bestimmte sonstige zur Täuschung geeignete Angaben enthält (§ 5 Abs. 1 S. 2 UWG).

Gegenstand einer irreführenden geschäftlichen Handlung sind Angaben. Dies sind nachprüfbare Aussagen, die einen Aussagegehalt haben. Ob das DPMA jemandem ein Schutzrecht erteilt hat, ist problemlos nachzuprüfen. Bei dem Hinweis „patentamtlich geschützt" handelt es sich somit um eine Angabe.

Eine Unwahrheit dieses Werbehinweises ist hier nicht zu unterstellen, denn in der Tat hat das DPMA dem P ja Schutzrechte erteilt: für den Flakon ein Geschmacksmuster und für die spezielle Verschlusskappe ein Gebrauchsmuster.

Problematisch ist also allein, ob in dem Hinweis „patentamtlich geschützt" sonstige zur Täuschung geeignete Angaben zu sehen sind, wobei es hier um Rechte des geistigen Eigentums geht (§ 5 Abs. 1 Nr. 3 UWG). Dies ist dann der Fall, wenn zwischen der Vorstellung der tangierten Verkehrskreise und der Realität eine Diskrepanz besteht. Durch diesen Werbehinweis sind potentielle Parfumkäufer angesprochen, also Verbraucher. Was versteht ein durchschnittlich informierter, aufmerksamer und verständiger Verbraucher darunter? Ein nicht unbeträchtlicher Teil dieser Zielgruppe versteht unter „patentamtlich geschützt" den Umstand, dass das DPMA eine amtliche Prüfung der wesentlichen Voraussetzungen der Schutzrechte vorgenommen hat. Realität hingegen ist, dass bei der Entstehung eines Gebrauchsmusters – hier für die Verschlusskappe – die wichtigsten materiellen Voraussetzungen vom DPMA überhaupt nicht geprüft werden – im Gegensatz zum Patent –, sondern lediglich so eine Art von Registrierung erfolgt (§ 8 Abs. 1 S. 2 UWG). Entsprechendes gilt auch für das Geschmacksmuster – hinsichtlich des Flakons; auch hier werden die wichtigsten materiellen Voraussetzungen vom DPMA nicht geprüft (§§ 16, 19 Abs. 2 GeschMG). Damit besteht eine Diskrepanz zwischen Vorstellung und Realität, so dass Irreführung und damit Unlauterkeit vorliegt.

Hinzu kommt aber noch ein weiterer wichtiger Aspekt: Für den Erwerber von Parfum ist weder der elegante Flakon noch die neuartige Kombination von Vaporisateur und Verschlusskappe das Entscheidende, sondern der Inhalt, also das Parfum. Dementsprechend wird ein großer Teil der angesprochenen Verbraucher den Hinweis „patentamtlich geschützt" auf das Parfum selbst beziehen. Und für dieses besteht keinerlei patentamtlicher Schutz, so dass auch diesbezüglich Irreführung und damit Unlauterkeit vorliegt.

Das Bestehen von Gewerblichen Schutzrechten wird von den angesprochenen Verkehrskreisen in der Regel als bedeutsames Erzeugniskriterium angesehen. Daher geht es bei dieser Art von Irreführung über geistige Eigentumsrechte nicht um eine Bagatellsache, sondern um eine spürbare Beeinträchtigung der Interessen von Marktteilnehmern.

Damit sind alle Merkmale von § 3 Abs. 1 UWG erfüllt.

Ergebnis: Der Hinweis „patentamtlich geschützt" ist wettbewerbsrechtlich nicht zulässig.

Fall 47

Werbung mit einer Auszeichnung

Brauerei B vertreibt u.a. ein Pils unter der Marke „ST". Vor kurzem nahm B mit diesem Pils an der Qualitätsprüfung der Deutschen Landwirtschaftsgesellschaft teil und wurde zusammen mit 51 anderen Teilnehmern mit dem „Großen Preis" ausgezeichnet. Daraufhin warb B wie folgt:

„Bier-Oscar für ST-Pils!

Höchste Auszeichnung für ST-Pils. ST-Pils erhielt kürzlich die höchste Auszeichnung, die in Deutschland für ein Bier verliehen wird, den großen DLG-Preis – oder den Bier-Oscar – wie man auch sagen könnte ... ST-Pils hat sich gestellt und Gold gewonnen!"

Der „Verbraucherschutz-Verein e.V." in Berlin (X) klagt nach erfolgloser außergerichtlicher Korrespondenz gegen B auf Unterlassung dieser Werbung.

Frage 1: Ist X überhaupt zur Klage legitimiert?
Frage 2: Wie wird das Gericht entscheiden?

Lösung Frage 1:

Entscheidungsgrundlage: Die Klagebefugnis von X könnte sich aus § 8 Abs. 3 Nr. 3 UWG ergeben.

Voraussetzungen: Hiernach kann ein Anspruch auf Unterlassung u.a. geltend gemacht werden durch

- eine qualifizierte Einrichtung,
- die nachweist, dass sie in die Liste qualifizierter Einrichtungen nach § 4 des Unterlassungsklagengesetzes eingetragen ist.

Überprüfung: X ist eine qualifizierte Einrichtung der Verbraucherberatung, Verbraucheraufklärung und Bekämpfung unlauteren Wettbewerbs. Zu ihren Mitgliedern zählen die wichtigsten Verbraucherinstitutionen von Deutschland, wie etwa die Verbraucherzentralen der Bundesländer, die Arbeitsgemeinschaft Hauswirtschaft, die Stiftung Warentest, die Arbeitsgemeinschaft der Verbraucherverbände und das Institut für angewandte Verbraucherforschung.

X wird nachweisen können, dass er in die Liste qualifizierter Einrichtungen nach § 4 des Unterlassungsklagengesetzes eingetragen ist.

Ergebnis: X ist somit zur Klage gegen B befugt.

Lösung Frage 2:

Entscheidungsgrundlage: Ob das Gericht einen Wettbewerbsverstoß annimmt, beurteilt sich anhand von § 3 UWG, der Grundlage für einen Anspruch auf Unterlassung ist (§ 8 Abs. 1 UWG).

Voraussetzungen:

- Geschäftliche Handlung
- Unlauterkeit
- Eignung zur spürbaren Beeinträchtigung der Interessen von Marktteilnehmern.

Überprüfung: Die Bierwerbung des B ist eine geschäftliche Handlung. Sie hängt mit der Förderung des Bierabsatzes von B zusammen (§ 2 Abs. 1, Nr. 1 UWG).

Die Unlauterkeit ist hier unter dem Aspekt der Irreführung zu prüfen. Nach § 5 Abs. 1 UWG handelt derjenige unlauter, der eine irreführende geschäftliche Handlung vornimmt (§ 5 Abs. 1, Satz 1 UWG).

Gegenstand der irreführenden geschäftlichen Handlung sind Angaben (§ 5 Abs. 1, Satz 2 UWG). Angaben sind nachprüfbare Aussagen, die einen Aussagegehalt haben. Dies ist bei einer Aussage über einen „Großen Preis" im Rahmen einer Prämierung der Fall; ob ein derartiger Preis jemandem verliehen wurde oder nicht, ist nachprüfbar. Es handelte sich hier um eine Angabe über Auszeichnungen (§ 5 Abs. 1 Nr. 3 UWG).

Das Hauptproblem liegt beim Merkmal der Irreführung. Eine solche liegt vor, wenn zwischen der Vorstellung der Umworbenen einerseits und der Realität andererseits eine Diskrepanz besteht. Beim Feststellen der Vorstellung der Umworbenen ist zunächst zu fragen, um welche Zielgruppe es sich handelt, wobei die Gerichte insbesondere zwischen Fachkreisen und Allgemeinheit unterscheiden. Als Konsumgüterwerbung richtet sich die Getränkewerbung an die Allgemeinheit. Beurteilungsmaßstab für diese ist die Betrachtungsweise eines durchschnittlich informierten, aufmerksamen und verständigen Verbrauchers. Ein nicht unbeträchtlicher Teil von diesen wird aus den Formulierungen „höchste Auszeichnung für ST", „Bier-Oscar für ST", „ST hat Gold gewonnen" den Schluss ziehen, ST habe als alleiniger Preisträger einen einmaligen Preis gewonnen. Dies ergibt sich zum einen aus dem Begriff „Oscar". Ein solcher wird in der Regel nur einmal verliehen, nämlich an den besten Film, den besten Regisseur, Schauspieler, Kameramann usw. Der gleiche Schluss folgt aus der Formulierung „Gold gewonnen", einer Bezeichnung aus der Welt des Sports. Bei sportlichen Veranstaltungen geht in jeder Disziplin in aller Regel nur ein Sieger hervor, dementsprechend gibt es nur eine Goldmedaille. Aus alledem wird ein nicht unbeträchtlicher Teil der umworbenen Zielgruppe bei dieser Bierwerbung auf eine Alleinstellung von ST-Pils schließen. Die Realität hingegen sieht ganz anders aus: B ist mit seinem ST-Pils nicht alleiniger Preisträger; der DLG-Preis wurde an 52 Brauereien verliehen. B ist also nur einer von vielen. Damit liegt eine Diskrepanz zwischen der Vorstellung des Umworbenen und der Realität vor. Eine derartige missverständliche Werbung ist irreführend.

Da es sich hier nicht um eine Bagatellsache handelt, ist diese Bierwerbung zur spürbaren Beeinträchtigung der Interessen von Konkurrenten und von Verbrauchern geeignet.

Ergebnis: Das Gericht wird der Unterlassungsklage des X gegen B stattgeben.

Fall 48

Preisvergleich bei Uhren

U ist Inhaber eines Einzelhandelsgeschäftes für Uhren und Schmuck in einer Stadt mittlerer Größe. Er wirbt in einem an alle Haushaltungen verbreiteten Prospekt. Auf der Vorderseite sind Uhren und Schmuckgegenstände abgebildet und mit den fabrikempfohlenen Einzelhandelspreisen ausgezeichnet. Darunter steht, durch Fettdruck hervorgehoben, folgender Werbehinweis: *„Bei allen in diesem Prospekt abgebildeten Gegenständen können Sie 40 Prozent der von den Herstellern unverbindlich empfohlenen Preise sparen, wenn Sie bei mir kaufen. Beweis: Prüfen Sie die Rückseite dieses Prospekts".* Dort befindet sich eine Preisliste, in der angegeben ist, zu welchen Preisen U die abgebildeten Gegenstände verkauft. Diese Preise liegen in der Tat 40 Prozent unter den unverbindlichen Preisempfehlungen der Hersteller.

U fordert die im Prospekt angegebenen Preise. Die vier anderen einschlägigen Fachgeschäfte in dieser Stadt verlangen die von den Herstellern unverbindlich empfohlenen Preise. Sie sind empört und wollen durch ein Fachgeschäft gegen U vorgehen.

Frage: Hat die beabsichtigte Unterlassungsklage Aussicht auf Erfolg?

Lösung:

Entscheidungsgrundlage: Als Grundlage für den Unterlassungsanspruch kommt § 8 Abs. 1 UWG in Betracht, der eine Zuwiderhandlung gegen § 3 UWG voraussetzt.

Voraussetzungen: § 3 UWG erfordert:
- Geschäftliche Handlung
- Unlauterkeit
- Eignung zur spürbaren Beeinträchtigung der Interessen von Marktteilnehmern.

Überprüfung: Die Werbung des U ist eine geschäftliche Handlung. Sie steht im Zusammenhang mit der Förderung des Uhren- und Schmuckabsatzes (§ 2 Abs. 1 Nr. 1 UWG).

Hauptproblem ist die Unlauterkeit des in der Marketingpraxis äußerst beliebten Werbevergleichs. § 6 Abs. 1 UWG definiert vergleichende Werbung. Nach der weiten Fassung dieser Vorschrift ist dies jede Werbung, die unmittelbar oder mittelbar einen Mitbewerber oder die von einem Mitbewerber angebotenen Waren oder Dienstleistungen erkennbar macht. Eine unmittelbare Erkennbarkeit der Konkurrenz liegt hier zwar nicht vor, denn U nennt seine vier Mitbewerber nicht bei Namen. Angesichts von nur fünf einschlägigen Marktteilnehmern in einer mittelgroßen Stadt ist für die angesprochenen Verkehrskreise, zumindest für einen nicht unbeträchtlichen Teil der Verbraucher, die Situation auf dem Uhrenanbietermarkt überschaubar. Daher ist das Merkmal der mittelbaren Erkennbarkeit der Konkurrenten und deren Produkte gegeben. Das Kriterium der vergleichenden Werbung ist hier also erfüllt.

Wie sich aus Umkehrschluss aus § 6 Abs. 2 UWG ergibt, ist vergleichende Werbung grundsätzlich lauter. Was den Preis betrifft, so wird in § 6 Abs. 2 Nr. 2 UWG sogar ausdrücklich betont, dass dieser zu den erlaubten vergleichbaren Eigenschaften gehören kann. Daher ist der Preisvergleich der Uhren durch U grundsätzlich nicht zu beanstanden.

Allerdings enthält § 6 Abs. 2 UWG in den Nrn. 1 bis 6 eine Reihe von Ausnahmen, die auch für einen Preisvergleich maßgebend sind. Von diesen liegen jedoch in diesem Fall keine vor. Hier geht es insbesondere um einen Vergleich identischer Industrieerzeugnisse der gleichen Hersteller, sodass keine qualitativen Unterschiede vorhanden sind und damit keine Unzulässigkeit nach Nr. 1 vorliegt. Mit dem Preis wird eine objektive, von jedermann überschaubare, wesentliche und nachprüfbare Eigenschaft verglichen, also auch kein Verstoß gegen das Verbot nach Nr. 2. Dieser Preisvergleich verwirrt den Käufer nicht, sondern schafft vielmehr eine bessere Markttransparenz, damit auch keine Unzulässigkeit nach Nr. 3. Hinzu kommt, dass U in seiner Prospektwerbung seine vier Konkurrenten nicht herabsetzt oder verunglimpft, sodass auch das Verbot nach Nr. 5 ausscheidet.

Auch eine Unlauterkeit nach § 5 Abs. 1 UWG kommt nicht in Betracht. Die Werbeangabe *„40 % der von den Herstellern unverbindlich empfohlenen Preise können Sie sparen, wenn Sie bei mir kaufen …"* ist nicht irreführend. U verkauft tatsächlich 40 % unter den genannten Preisen. Die Konkurrenten hingegen halten jene Preise ein. Der Uhren- und Schmuck-Preisvergleich des U ist also nicht unlauter.

Ergebnis: Die Unterlassungsklage wird also keinen Erfolg haben.

Fall 49

Ein erregender Duft

Der recht junge, am Markt noch nicht eingeführte Parfumhersteller A wirbt:

„Unser A-Parfum riecht viel erregender als der Duft von X".

X, ein Produkt von Kosmetikhersteller X, ist ein der Damenwelt höchst bekanntes und renommiertes Parfum.

X hat gegen diese Werbung wettbewerbsrechtliche Bedenken.

Frage: Sind diese berechtigt?

Lösung:

Entscheidungsgrundlage: Die wettbewerbsrechtlichen Bedenken des X beurteilen sich nach § 3 UWG.

Voraussetzungen: § 3 UWG erfordert:

- Geschäftliche Handlung
- Unlauterkeit
- Eignung zur spürbaren Beeinträchtigung der Interessen von Marktteilnehmern.

Überprüfung: Die Werbung des A ist eine geschäftliche Handlung. Sie soll den Absatz seines Parfums fördern (§ 2 Abs. 1, Nr. 1 UWG).

Unlauterkeit kommt hier unter dem Aspekt eines eventuell unzulässigen Werbevergleichs in Betracht (§ 6 UWG).

Dabei gilt es zunächst festzustellen, dass das Vorliegen einer vergleichenden Werbung nach der Definition des § 6 Abs. 1 UWG hier problemlos zu bejahen ist. Dadurch, dass A das Produkt des X ausdrücklich nennt, ist das Merkmal der unmittelbaren Erkennbarkeit erfüllt.

Vergleichende Werbung ist nach § 6 Abs. 1 UWG grundsätzlich lauter, wie sich aus dem Umkehrschluss aus § 6 Abs. 2 UWG ergibt.

Ein Werbevergleich verstößt jedoch dann gegen die Lauterkeit, wenn auch nur ein Kriterium des umfangreichen Ausnahmekataloges des § 6 Abs. 2 UWG erfüllt ist. Dies gilt es, in Bezug auf die Parfum-Werbung des A zu prüfen.

§ 6 Abs. 2 Nr. 2 UWG erfordert, neben anderen Merkmalen, dass die Produkteigenschaften, die werbend verglichen werden, nachprüfbar sind. Nachprüfbar sind lediglich Tatsachen. Nur diese können Grundlage einer sachlichen vergleichenden Gegenüberstellung sein. Das bedeutet, dass reine Werturteile nicht Gegenstand einer zulässigen vergleichenden Werbung sind. Darum geht es jedoch hier. Die Werbung, dass der A-Duft viel erregender ist als der von X, bezieht sich auf subjektive Empfindungen und Einschätzungen. Da also das Merkmal Nachprüfbarkeit nicht erfüllt ist, ist die Werbung von A schon allein aus diesem Grund unlauter.

Man könnte weiterhin an Unlauterkeit nach § 6 Abs. 2 Nr. 4 UWG denken, da sich A durch diese Werbung mit seinem neu auf den Markt gebrachten A-Parfum ganz bewusst an das in einschlägigen Verkehrskreisen höchst bekannte und renommierte X-Parfum anlehnt, von dessen Image schmarotzt und damit dessen Wertschätzung in unlauterer Weise ausnutzt.

Da hier das Vorgehen eines Marktneulings gegen ein bekanntes und renommiertes Unternehmen recht massiv ist, ist diese Werbung des A geeignet, die Interessen des Mitbewerbers X spürbar zu beeinträchtigen.

Ergebnis: Die wettbewerbsrechtlichen Bedenken des X sind also berechtigt. Ein Vorgehen gegen A wird Erfolg haben.

Fall 50

Die unredliche Edel-Boutique

Im Schaufenster einer Edel-Boutique für Damenmoden (B) war ein elegantes Escada-Kostüm ausgestellt und mit 200,– € ausgezeichnet.

Als Kaufinteressentin K dieses Kostüm erwerben wollte, wurde ihr von B erklärt, dass es sich bei dieser Auslage um ein unverkäufliches Ausstellungsstück handle, dass man diese Modelle gar nicht auf Lager habe und dass doch wohl jedermann klar sei, dass Kostüme der renommierten und hochpreisigen Nobel-Marke Escada niemals für 200,– € verkauft würden.

K, völlig verärgert, stellt folgende Fragen:

Frage 1: Ist das Verhalten von B wettbewerbsrechtlich zu beanstanden?

Frage 2: Bin ich berechtigt, dieses Kostüm für 200,– € zu verlangen? Oder etwa Schadensersatz? Oder was kann ich sonst tun?

Lösung Frage 1:

Entscheidungsgrundlage: Ob das Verhalten von B wettbewerbsrechtlich zu beanstanden ist, beurteilt sich nach § 3 UWG.

Voraussetzungen: § 3 UWG erfordert:

- Geschäftliche Handlung
- Unlauterkeit
- Eignung zur spürbaren Beeinträchtigung der Interessen von Marktteilnehmern.

Überprüfung: Das Ausstellen von Kleidern in Schaufenstern erfolgt zur Förderung des Warenabsatzes von B und ist somit eine geschäftliche Handlung (§ 2 Abs. 1 Nr. 1 UWG).

Unlauterkeit könnte sich ergeben unter dem Gesichtspunkt der Irreführung (§ 5 Abs. 1 UWG).

Nach dieser Vorschrift handelt derjenige unlauter, der irreführende geschäftliche Handlungen vornimmt (§ 5 Abs. 1, Satz 1 UWG). Nach § 5 Abs. 1, Satz 2 UWG ist dies u.a. dann der Fall, wenn zur Täuschung geeignete Angaben über die Verfügbarkeit der angebotenen Waren gemacht werden. In Bezug auf Verbraucher – und darum geht es hier – wird dieser Aspekt präzisiert durch den Anhang zu § 3 Abs. 3 UWG. Nach Nr. 5 dieses Anhangs haben Anbieter die beworbene Ware zu dem angegebenen Preis in angemessener Menge in einem angemessenen Zeitraum bereitzustellen, wobei nach Satz 2 ein Zeitraum von zwei Tagen als angemessen gilt.

Diese Vorschrift bezieht sich offensichtlich auf Massenwaren des täglichen Bedarfs. Modelle in vornehmen Boutiquen werden oft nur als Einzelstücke angeboten, um der noblen Damenwelt Individualität zu gewährleisten. Aber auch in derartigen Fällen muss, so die Gerichte, mindestens ein Kleidungsstück jeder gängigen Größe zum Verkauf zur Verfügung stehen. Da hier jedoch kein einziges Stück des ausgestellten Escada-

Kostüms zum Verkauf vorgehalten wird, liegt Irreführung über die Verfügbarkeit der im Schaufenster beworbenen Waren vor (§ 5 Abs. 1 Nr. 1 UWG).

Es ist hier sogar eine weitere Irreführung gegeben, nämlich eine solche über den Preis (§ 5 Abs. 1 Nr. 2 UWG). Die Auslage im Schaufenster weist einen Preis von 200,– € aus. Nach eigener Aussage würde B ein Escada-Modell niemals für diesen Preis verkaufen. Damit wirbt sie mit irreführenden Angaben über den Preis.

Da B in doppelter Weise Lockvogelwerbung betrieben hat, handelt es sich um ein grob wettbewerbswidriges Verhalten und damit um eine spürbare Beeinträchtigung der Interessen von Verbrauchern, aber auch von Mitbewerbern.

Ergebnis: Damit ist das Verhalten von B wettbewerbsrechtlich zu beanstanden.

Lösung Frage 2:

Entscheidungsgrundlage: K hat dann einen Anspruch auf dieses Kostüm für 200,– €, wenn ein Kaufvertrag dieses Inhalts zwischen ihr und B zustande gekommen ist (§ 433 BGB).

Voraussetzungen: Ein Vertrag kommt zustande (§§ 145 ff. BGB) durch
- Antrag und
- Annahme.

Überprüfung: Eine Auslage im Schaufenster ist keine an ein bestimmtes Rechtssubjekt gerichtete Willenserklärung. Es fehlt am Rechtsbindungswillen gegenüber einer individualisierten Person. Ein Antrag der B gegenüber K liegt also nicht vor.

K hingegen macht B das Angebot, dieses Kostüm für 200,– € kaufen zu wollen. Diesen Antrag lehnt B mit der Begründung unverkäufliches Ausstellungsstück jedoch ab.

Ergebnis: Da ein Kaufvertrag nicht zustande gekommen ist, hat K gegen B keinen Anspruch auf das Escada-Kostüm.

Ein Schadensersatzanspruch steht K gegen B nicht zu, K hat keinen Schaden. Selbst wenn K ein Schaden durch unlauteren Wettbewerb erlitten hätte, könnte sie diesen nicht geltend machen. Schadensersatzansprüche stehen nämlich nur Mitbewerbern zu (§ 9 UWG), nicht aber Verbrauchern.

Der K verbleibt allein die Möglichkeit, das grob wettbewerbswidrige Verhalten von B einer nach § 8 Abs. 3 UWG zur Verfolgung von Wettbewerbsverstößen legitimierten Institution mitzuteilen, etwa einem Verbraucherschutzverband oder einer Industrie- und Handelskammer (§ 8 Abs. 3 Nr. 3, 4 UWG). Ob diese dann ihrerseits den Wettbewerbsverstoß verfolgt, liegt allein in deren Ermessen; K hat darauf keinen Einfluss.

Fall 51

Nachbau eines Chirurgiegerätes

Bei U, einem Unternehmen der Medizintechnik, wurde ein Klammergerät für chirurgische Zwecke entwickelt.

Nachdem dieses Klammernahtgerät in Deutschland kurze Zeit auf dem Markt war, bot Konkurrent Konrad (K) dort nahezu identische Klammernahtgeräte an. Auf diesen hatte K an gut sichtbarer Stelle sein Firmenlogo „Konrad" deutlich erkennbar eingestanzt.

U hatte sein Klammergerät weder beim Deutschen Patent- und Markenamt in München noch bei den einschlägigen europäischen Behörden angemeldet.

Frage: U bezichtigt K unzulässiger Nachahmung und begehrt Schadensersatz. Zu Recht?

Lösung:

1. Entscheidungsgrundlage: Schadensersatzansprüche können sich aus den Sonderschutzrechten des Gewerblichen Rechtsschutzes ergeben, nämlich aus dem Patent (§ 139 Abs. 2 PatG), aus dem Gebrauchsmuster (§ 24 Abs. 2 GebrMG), dem Geschmacksmuster (§ 42 Abs. 2 GeschmMG) oder einer Marke (§ 14 Abs. 6 MarkenG).

Voraussetzungen: Alle diese genannten Rechte sind formelle Rechte; sie bedürfen einer

- Anmeldung bei der zuständigen Behörde.

Überprüfung: U hat sein Klammergerät nicht angemeldet.

Er hat beim Deutschen Patent- und Markenamt in München keinen Antrag auf Erteilung eines Patents gestellt, wie es nach §§ 34 ff. PatG erforderlich ist. Auch erfolgte dort keine Anmeldung in Bezug auf ein Gebrauchsmuster (§ 4 GebrMG), noch in Bezug auf ein Geschmacksmuster (§ 11 GeschmMG), noch bezüglich einer Marke (§ 32 MarkenG).

Auch beim Europäischen Patentamt in München wurde kein Antrag auf Erteilung eines Patents gestellt (Art. 58 des Europäischen Patentübereinkommens), desgleichen auch nicht beim Harmonisierungsamt für den Binnenmarkt (Marken, Muster und Modelle) in Alicante in Bezug auf ein Gemeinschaftsgeschmacksmuster (Art. 35 ff. Gemeinschaftsgeschmacksmuster-Verordnung), auch nicht bezüglich einer Marke (Art. 25 ff. Gemeinschaftsmarken-Verordnung).

Ergebnis: Mangels Anmeldung, also bereits aus formalen Gründen, hat U keine Schadensersatzforderungen aus den genannten Sonderschutzrechten des Gewerblichen Rechtsschutzes gegen K.

2. Entscheidungsgrundlage: Ein Schadensersatzanspruch gegen K könnte sich aus dem Urheberrecht ergeben (§ 97 Abs. 2 UrhG). Diese Anspruchsgrundlage wäre – rein formal gesehen – realistischer als die oben genannten Sonderschutzrechte, denn das

Urheberrecht ist ein materielles Recht. Es bedarf zu seiner Entstehung keinerlei Formalitäten, keiner Anmeldung.

Voraussetzungen: § 97 Abs. 2 UrhG erfordert:
- Bestehen eines Urheberrechtes
- Dessen Verletzung
- Widerrechtlichkeit
- Vorsatz oder Fahrlässigkeit.

Überprüfung: Das Urheberrecht bezieht sich auf Werke der Literatur, Wissenschaft und Kunst (§ 2 Abs. 1 und 2 UrhG). Hierum geht es beim Klammernahtgerät nicht, sondern vielmehr um Technizität, nämlich ein technisches Hilfsmittel bei einem chirurgischen Eingriff; an sich wäre hier ein Patent oder Gebrauchsmuster einschlägig.

Ergebnis: Das Klammergerät ist nicht urheberrechtsfähig. Damit ist bereits die erste Rechtsvoraussetzung für Schadensersatz nicht erfüllt, so dass Ansprüche gegen K nicht aus dem Urheberrecht hergeleitet werden können.

3. Entscheidungsgrundlage: Einen Schadensersatzanspruch könnte U möglicherweise auf § 9 S. 1 UWG stützen.

Voraussetzungen: Diese Vorschrift verlangt hier in Bezug auf K:
- geschäftliche Handlung
- deren Unzulässigkeit nach § 3 UWG, somit
  - Unlauterkeit
  - Eignung zur spürbaren Beeinträchtigung der Interessen von Mitbewerbern
- Vorsatz oder Fahrlässigkeit.

Überprüfung: Im Anbieten des Konrad-Klammergerätes auf dem Markt liegt eine geschäftliche Handlung des K. Es ist dies nämlich ein Verhalten des K zugunsten seines eigenen Unternehmens, das mit der Förderung des Absatzes objektiv zusammenhängt (§ 2 Abs. 1, Nr. 1 UWG).

Was die Unlauterkeit des Nachbaues des U-Klammergerätes angeht, so gilt der Grundsatz der Nachahmungsfreiheit. Nur in den Fällen des oben erwähnten Sonderschutzes von Patent, Gebrauchsmuster usw. ist das Ausnutzen fremder Leistung untersagt. Umkehrschluss: In allen anderen Fällen ist die Nachahmung grundsätzlich nicht unlauter im Sinne von § 3 Abs. 1 UWG. Unlauterkeit ist vielmehr nur dann gegeben, wenn – über die bloße Nachahmung hinaus – besondere Umstände vorliegen, die ihrerseits dann die Wettbewerbswidrigkeit begründen.

Drei wichtige, die Unlauterkeit von Nachahmungshandlungen begründende Umstände nennt § 4 Nr. 9 UWG. Alle drei Ausnahmeregelungen liegen hier jedoch nicht vor:

§ 4 Nr. 9a UWG kommt schon deswegen nicht in Betracht, weil K sein Firmenlogo an gut sichtbarer Stelle deutlich erkennbar angebracht hat und somit eine vermeidbare Täuschung der Abnehmer über die betriebliche Herkunft nicht herbeigeführt wird.

Die Ausnahme des § 4 Nr. 9 b UWG, wonach die Wertschätzung der nachgeahmten Ware nicht unangemessen ausgenutzt oder beeinträchtigt werden darf, scheidet gleichfalls aus. Das Klammernahtgerät des U war erst seit kurzer Zeit auf dem Markt, so dass sich eine beachtenswerte Wertschätzung noch nicht entwickelt haben dürfte.

Dafür, dass K die für die Nachahmung der Klammergeräte erforderlichen Kenntnisse oder Unterlagen unredlich (etwa durch Werkspionage) erlangt hat (§ 4 Nr. 9c UWG), gibt der Sachverhalt keinerlei Hinweise.

Da Ausnahmesituationen, die eine Unlauterkeit begründen, nicht vorliegen, verbleibt es hier bei dem Grundsatz der Nachahmungsfreiheit.

Ergebnis: Da das Tatbestandsmerkmal der Unlauterkeit fehlt, kann ein Schadensersatzanspruch des U auch nicht auf § 9 UWG gestützt werden.

4. Entscheidungsgrundlage: Ein Schadensersatzanspruch des U gegen K könnte sich aus § 826 BGB ergeben. Diese Vorschrift wird durch die Schadensersatznormen der oben genannten Schutzrechte und die des UWG nicht ausgeschlossen, sondern steht selbständig neben jenen; es besteht Anspruchskonkurrenz.

Voraussetzungen: § 826 BGB erfordert:
- Verstoß gegen die guten Sitten
- Schadenszufügung
- Vorsatz.

Überprüfung: Die Nachahmung fremder Erzeugnisse, die nicht gegen geschützte Rechtsgüter Dritter verstößt, ist nicht sittenwidrig. Es gilt also auch hier der Grundsatz der Nachahmungsfreiheit, also im Prinzip das Gleiche, das soeben für das UWG festgestellt wurde.

Ergebnis: Da bereits die erste Rechtsvoraussetzung nicht erfüllt ist, scheidet auch ein Schadensersatzanspruch nach § 826 BGB aus.

5. Entscheidungsgrundlage: Schließlich könnte ein Schadensersatzanspruch gegen K auch auf § 823 Abs. 1 BGB gegründet werden.

Voraussetzungen: Diese Vorschrift verlangt:
- Verletzung eines dort aufgeführten Rechtsgutes
- Widerrechtlichkeit
- Verschulden.

Überprüfung: Von den dort genannten Rechtsgütern kommt allein „ein sonstiges Recht" in Betracht. Als solches hat die Rechtsprechung das Recht am eingerichteten und ausgeübten Geschäftsbetrieb anerkannt. Eine Verletzung eines derartigen Unternehmensschutzes könnte man hier unter dem Aspekt des Erfindungsschutzes sehen. Ein solcher ist jedoch, so die Gerichte, vor der Anmeldung einer Erfindung im patentamtlichen Verfahren nicht zu gewähren, soweit es um die Ausnutzung des Erfindungsgedankens durch Dritte, speziell also um Nachahmung, geht. Dies ist insbesondere aus der Gesetzessystematik heraus zu erklären: Andernfalls wären alle Sonderschutzrechte, die eine Anmeldung erfordern, verzichtbar.

Ergebnis: U kann einen Schadensersatzanspruch auch nicht auf § 823 Abs. 1 BGB stützen. Abschließend ist also zu sagen, dass dem U kein Schadensersatzanspruch gegen K zusteht.

Teil IV
Arbeitsrecht

Fall 52

Eine freie Mitarbeiterin?

Der Arzt Dr. U betrieb in einem Kurort ein Sanatorium. Dort beschäftigte er u.a. zwei Masseure. Als eine der beiden Stellen wieder besetzt werden sollte, wählte U aus einer Anzahl von Bewerbungen die 24-jährige A aus. Mit ihr schloss er, durch frühere Erfahrungen gewitzigt, folgenden schriftlichen „Mitarbeitervertrag" ab:

1. Frau A tritt als freie Mitarbeiterin zum 1.10.2007 bei U ein.
2. Die tägliche Arbeitszeit beginnt um 9 Uhr und endet um 18.30 Uhr. Mittagspause ist von 12.30 Uhr bis 14 Uhr. Die Arbeit erfolgt nach einem wöchentlich im Voraus von U erstellten Dienstplan. Im Bedarfsfall ist U berechtigt, zusätzliche Arbeit anzuordnen.
3. Das monatliche Gehalt von Frau A beträgt 1500,– €. Es wird nur die tatsächlich geleistete Arbeit vergütet, d.h. Fehlzeiten werden von der Vergütung abgezogen.
4. Das Mitarbeiterverhältnis wird auf die Dauer eines Jahres befristet. Die Parteien behalten sich eine Verlängerung um jeweils ein Jahr vor.

A trat die Stelle am 1.10.2007 an. Nach einem Jahr setzten U und A das Dienstverhältnis stillschweigend fort. Am 5.3.2010 erfuhr U, dass die A sich in anderen Umständen befand. In der Folgezeit fehlte die A durch schwangerschaftsbedingte Krankheit an insgesamt 48 Arbeitstagen. Für diese Zeit erhielt sie von U keine Vergütung. Schließlich kündigte der U ihr am 1.6. auf den 30.6.2010 mit der Begründung, er könne im Interesse seiner Patienten und des guten Rufes seines Hauses so lange Ausfälle nicht hinnehmen. Hilfsweise, so erklärte er, werde er den Mitarbeitervertrag über den 30.9.2010 hinaus nicht verlängern.

Frage 1: Ist die Kündigung des U wirksam?
Frage 2: Muss U die A über den 30.9.2010 hinaus beschäftigen?
Frage 3: Hat A einen Anspruch auf Bezahlung für die 48 Fehltage?

Lösung Frage 1:

1. Entscheidungsgrundlage: Die Kündigung des U könnte auf § 621 Nr. 3 BGB gestützt werden.

Voraussetzungen: Die genannte Vorschrift setzt voraus:
- ein Dienstverhältnis,
- bei dem die Vergütung nach Monaten bemessen ist,
- und das kein Arbeitsverhältnis ist.

Überprüfung: Zwischen U und A besteht ein Dienstverhältnis. A hat sich vertraglich verpflichtet, für U als Masseurin tätig zu sein (§ 611 Abs. 2 BGB).

Die Vergütung der A erfolgt nach Monaten.

Die Entscheidung hängt also davon ab, ob hier ein Arbeitsverhältnis begründet worden ist. Die Abgrenzung eines freien Mitarbeiters von einem Arbeitnehmer bestimmt sich nach § 84 Abs. 1 Satz 2 HGB. Diese Vorschrift gilt zwar ihrem Wortlaut nach nur für Handelsvertreter. Sie wird aber auch auf andere Dienstverhältnisse angewandt. Danach ist freier Mitarbeiter, wer im Wesentlichen frei seine Tätigkeit gestalten und seine Arbeitszeit bestimmen kann. Beides trifft auf die A nicht zu. Die Tätigkeit, insbesondere die Art der Behandlung und die Reihenfolge der Patienten, wird ihr von U durch den Dienstplan zugewiesen. Im Bedarfsfall ist sie zur Leistung zusätzlicher Dienste verpflichtet. Die Arbeitszeit ist detailliert festgelegt, kann also von der A nicht frei gestaltet werden. Auf die Bezeichnung im Vertrag als „freie Mitarbeiterin" kommt es nicht an; § 84 Abs. 1 Satz 2 HGB stellt allein auf die objektiven Gegebenheiten ab.

Ergebnis: Die Kündigung des U ist nicht nach § 621 Nr. 3 BGB wirksam.

2. Entscheidungsgrundlage: Die Kündigung gegenüber der Arbeitnehmerin A könnte auf § 622 Abs. 1 BGB gestützt werden. Danach könnte U mit einer Frist von 4 Wochen zum Ende eines Kalendermonats kündigen. Aber dieses Kündigungsrecht könnte durch § 9 MuSchG ausgeschlossen sein.

Voraussetzungen: Dieser Ausschluss setzt voraus
- eine Kündigung durch den Arbeitgeber
- gegenüber einer schwangeren Frau
- in Kenntnis der Schwangerschaft.

Überprüfung: Die A ist, wie oben ausgeführt, entgegen dem Vertragswortlaut nicht als freie Mitarbeiterin, sondern als Arbeitnehmerin anzusehen. Deswegen ist U ihr Arbeitgeber.

Seine Kündigung vom 1.6.2010 trifft eine schwangere Frau.

Von dieser Schwangerschaft wusste U seit dem 5.3.2010.

Ergebnis: Die Kündigung ist also nach § 9 Abs. 1 MuSchG unwirksam. Ein Ausnahmefall gemäß § 9 Abs. 3 MuSchG, wonach die oberste Behörde für den Arbeitsschutz ausnahmsweise eine Arbeitgeberkündigung für zulässig erklären kann, scheitert schon daran, dass U keinen entsprechenden Antrag gestellt hat. Ein solcher wäre auch nach Sachlage aussichtslos.

Lösung Frage 2:

Entscheidungsgrundlage: U müsste die A nicht weiterbeschäftigen, wenn das Dienstverhältnis durch Zeitablauf am 30.9.2010 beendet wäre. Dies beurteilt sich nach § 15 Abs. 1 des Teilzeit- und Befristungsgesetzes (TzBfG).

Voraussetzungen:
- ein Arbeitsvertrag
- mit einer kalendermäßigen Befristung

- Zulässigkeit der Befristung
- Ablauf der Frist.

Überprüfung: Der „Mitarbeitervertrag" zwischen U und A ist, wie oben dargelegt, ein Arbeitsvertrag.

In diesem Vertrag ist eine Befristung bis zum 30.9.2010 festgelegt.

Die Zulässigkeit dieser Befristung regelt sich nach § 14 TzBfG. Nach Absatz 1 dieser Vorschrift kann eine Befristung durch das Vorliegen eines sachlichen Grundes gerechtfertigt sein. Von den beispielhaft aufgeführten Gründen könnte hier allein die Nr. 5 in Frage kommen, eine Befristung zur Erprobung der Arbeitnehmerin A. Aber die Befristung sollte hier einem anderen Zweck dienen, nämlich der leichteren Auflösung des Arbeitsverhältnisses. Außerdem wäre eine Probezeit von 3 Jahren viel zu lang; die Rechtsprechung erkennt bei qualifizierten Tätigkeiten eine Befristung auf 6 Monate als zulässig an. Sonstige sachliche Gründe sind nicht ersichtlich. Nach Absatz 2 ist die kalendermäßige Befristung ohne Vorliegen eines sachlichen Grundes bis zur Dauer von 2 Jahren zulässig. Hier ist diese Höchstdauer überschritten, denn A trat bereits am 1.10.2007 in den Dienst des U. Das Arbeitsverhältnis besteht am 30.9.2010 also schon 3 Jahre. Die Befristung ist also weder nach § 14 Abs. 1 noch Abs. 2 TzBfG zulässig. Die Rechtsfolge ergibt sich aus § 16 TzBfG: Der Arbeitsvertrag gilt als auf unbestimmte Zeit geschlossen und kann an sich vom Arbeitgeber frühestens zum vereinbarten Ende ordentlich gekündigt werden. Diese Möglichkeit scheitert aber, wie oben dargelegt, am Kündigungsverbot des § 9 MuSchG.

Ergebnis: U muss die A über den 30.9.2010 hinaus weiterbeschäftigen.

Lösung Frage 3:

Entscheidungsgrundlage: Ein Anspruch auf Fortzahlung der Vergütung könnte sich aus § 3 Abs. 1 EntgeltfortzahlungsG ergeben.

Voraussetzungen dafür sind:
- Arbeitsunfähigkeit eines Arbeitnehmers
- infolge Krankheit
- ohne eigenes Verschulden.

Überprüfung: A ist, wie oben dargelegt, Arbeitnehmerin. Sie war seit ihrer Schwangerschaft immer wieder arbeitsunfähig.

Ursache dafür sind schwangerschaftsbedingte Erkrankungen.

Daran trifft A kein Verschulden.

Ergebnis: U muss der A die Vergütung für die Fehltage weiterzahlen, allerdings nur für 6 Wochen, 42 Tage. Die entgegenstehende Vereinbarung ist gemäß § 12 EntgeltfortzahlungsG unwirksam.

Fall 53

Probleme bei der Einstellung

P, Personalleiter der Maschinenfabrik des nicht organisierten U, stellte Programmierer ein und führte daher mehrere Einstellungsgespräche, am 5. Januar auch mit A und B. Den Bewerbern unterbreitete P viele Fragen, unter anderem bezüglich

- der Gewerkschaftszugehörigkeit,
- der bisher ausgeübten beruflichen Tätigkeiten.

A wurde am 1. Februar eingestellt; am gleichen Tage erhielt die fachlich qualifizierte B eine Absage, weil U ausschließlich Männer als Programmierer beschäftigen wollte.

Am 1. März erfuhr U, dass A die Frage nach der Gewerkschaftszugehörigkeit und zum Teil auch die über die bisher ausgeübten beruflichen Tätigkeiten wahrheitswidrig beantwortet hatte.

Frage 1: Kann U den Arbeitsvertrag mit A wegen arglistiger Täuschung anfechten?
Frage 2: Kann B verlangen, beschäftigt zu werden?
Frage 3: Kann B Schadensersatz von U verlangen?

Lösung Frage 1:

Entscheidungsgrundlage: Eine Anfechtung wegen arglistiger Täuschung beurteilt sich nach § 123 Abs. 1 BGB.

Voraussetzungen: Die Kriterien nach dieser Vorschrift sind:

- Täuschung
- Arglist
- Ursächlichkeit für die abgegebene Willenserklärung.

Überprüfung: Beantwortet ein Bewerber bei einem Einstellungsgespräch Fragen unrichtig, so stellt dies an sich eine Täuschung dar. Die Gerichte machen hier jedoch eine Einschränkung (vgl. Erfurter Kommentar zum Arbeitsrecht, 11. Auflage, § 611 BGB Randnr. 361). Danach liegt eine Täuschung nur dann vor, wenn die einer wahrheitswidrigen Antwort zugrunde liegende Frage überhaupt zulässig ist. Maßgebend hierfür ist eine Interessenabwägung. Ein Arbeitgeber hat ein Interesse daran, sich bei der Einstellung ein möglichst genaues Bild über die persönlichen Verhältnisse eines potenziellen Mitarbeiters zu verschaffen. Ein Bewerber hingegen hat das Interesse, nicht über seine Intimsphäre ausgefragt zu werden, also in seinem Persönlichkeitsrecht geschützt zu sein. Hieraus ergibt sich, dass nur solche Fragen gestellt werden dürfen, die in einem sachlichen Zusammenhang mit dem Arbeitsplatz stehen. Unter diesem Gesichtspunkt gilt es, die beiden Fragen zu untersuchen.

Was die „Gewerkschaftszugehörigkeit" angeht, so besteht ein sachlicher Zusammenhang mit dem Arbeitsbereich nicht. Für die Tätigkeit eines Programmierers in einer Maschinenfabrik ist es gleichgültig, ob er organisiert ist oder nicht. Allenfalls könnte diese Frage unter dem Aspekt der beiderseitigen Tarifbindung (§ 4 Abs. 1 TVG) berechtigt sein. Dieser Gesichtspunkt scheidet hier aber aus, denn U ist nicht Mitglied des Arbeitgeberverbandes und daher nicht tarifgebunden (§ 3 Abs. 1 TVG), sodass es nicht mehr darauf ankommt, ob A der Gewerkschaft angehört. Die Frage nach der Gewerkschaftszugehörigkeit war also nicht zulässig. A hat hier nicht getäuscht.

Anders verhält es sich mit den „bisherigen Tätigkeiten". Sie sind bedeutsam für die zukünftigen Arbeiten. Ein sachlicher Zusammenhang ist hier gegeben. Diese Frage des P war somit erlaubt. Insoweit hier wahrheitswidrig geantwortet wurde, ist P getäuscht worden.

A war sich der Lüge bewusst, handelte also arglistig.

P hat den A – unter anderem – deswegen eingestellt, weil er die von A vorgetäuschten bisherigen beruflichen Tätigkeiten als für die zu besetzende Position bedeutsam ansah. Die Lüge des A war also ursächlich für den Abschluss des Arbeitsvertrages.

Ergebnis: U kann den Arbeitsvertrag mit A nach § 123 Abs. 1 BGB anfechten. Diese Anfechtung wirkt aber nur für die Zukunft, weil ein bereits durchgeführtes Arbeitsverhältnis nicht rückgängig gemacht werden kann.

Lösung Frage 2:

Entscheidungsgrundlage: B muss beschäftigt werden, wenn ein Arbeitsvertrag zwischen B und U besteht.

Voraussetzung: Abschluss eines Arbeitsvertrages.

Überprüfung: U wird nicht gezwungen, einen Arbeitsvertrag mit B zu schließen. Ein derartiger Kontrahierungszwang besteht nicht. Das gilt auch dann, wenn B wegen ihres Geschlechtes benachteiligt wurde (§§ 15 Abs. 6, 7 Abs. 1, 1 AGG).

Ergebnis: Der Anspruch auf Begründung eines Beschäftigungsverhältnisses ist ausgeschlossen.

Lösung Frage 3:

Entscheidungsgrundlage: B könnte von U Schadensersatz nach § 15 Abs. 1 AGG verlangen.

Voraussetzungen: Erforderlich ist, dass
- U Arbeitgeber ist,
- gegen das Benachteiligungsverbot verstoßen hat,
- Verschulden des U vorliegt und
- ein Schaden entstanden ist.

Überprüfung: U gilt nach § 6 Abs. 2 AGG als Arbeitgeber im Sinne des AGG, weil er Personen im Sinne von § 6 Abs. 1 AGG beschäftigt. Zu diesen Beschäftigten gehören nicht nur Arbeitnehmer/innen, sondern auch Bewerber/innen für ein Beschäftigungsverhältnis wie die B (§ 6 Abs. 1 Satz 2 AGG).

U hat gemäß § 7 Abs. 1 AGG gegen das Benachteiligungsverbot verstoßen, wenn B aus einem Grund benachteiligt wurde, der in § 1 AGG erwähnt wird. Dort ist u.a. das Geschlecht aufgeführt. Wenn B deswegen nicht in das Arbeitsverhältnis übernommen wird, weil sie eine Frau ist, dann ist das eine Benachteiligung wegen ihres Geschlechtes. Diese Benachteiligung ist nach § 8 AGG nur zulässig, wenn das Geschlecht wegen der Art der auszuübenden Tätigkeit oder der Bedingung ihrer Ausübung eine wesentliche und entscheidende berufliche Anforderung darstellt. Bei Programmierern ist das Geschlecht keine Anforderung durch den Beruf, deswegen ist die Benachteiligung nicht zulässig.

Das Verschulden des U wird nach § 15 Abs. 1 Satz 2 AGG vermutet.

Der Schaden der B besteht darin, dass sie nicht beschäftigt wird und deswegen Verdienstausfall hat. Wäre B bei U beschäftigt, dann hätte sie Verdienst nur bis zur nächstmöglichen Kündigung durch U gehabt, also bei vereinbarter Probezeit für eine Zeit von zwei Wochen nach § 622 Abs. 3 BGB. Auf diesen Zeitraum ist der Schaden zu begrenzen.

B kann nach § 15 Abs. 2 AGG auch Ersatz des immateriellen Schadens durch angemessene Entschädigung in Geld verlangen. Dieser Anspruch ist verschuldensunabhängig.

Ergebnis: B kann von U Schadensersatz verlangen.

Fall 54

Die neue Schutzkleidung

U ist Inhaber einer Backwarenfabrik. Ein Betriebsrat besteht dort nicht.

Am 2. Januar ordnet U an, dass alle Mitarbeiterinnen in der Herstellung während der Arbeit weiße Kittel und Häubchen zu tragen haben. U schafft diese Schutzkleidung auf seine Kosten an und übernimmt die Reinigung. Dabei beruft er sich auf die Hygiene-Verordnung des betreffenden Bundeslandes. Diese schreibt für Betriebe, die Lebensmittel tierischer Herkunft und Back- und Konditoreiwaren herstellen, vor, dass die Mitarbeiter in der Produktion sauber gekleidet sein müssen, eine Schutzkleidung zu tragen haben und dass der Kopf bedeckt ist, damit eine Verunreinigung der Lebensmittel durch Haare vermieden wird.

Die in der Herstellung beschäftigte Arbeiterin A weigert sich – trotz eindringlicher Belehrungen und Ermahnungen – nachhaltig, die von U gestellten Kittel und Häubchen zu tragen. Sie meint, diese seien völlig altmodisch; es sei eine Zumutung, sich in derartiger Aufmachung zeigen zu müssen.

Wegen ihrer Weigerung wird A fristlos entlassen.

Frage 1: Ist diese außerordentliche Kündigung berechtigt?
Frage 2: Wäre anders zu entscheiden, wenn bei U ein Betriebsrat bestanden und dieser seine Zustimmung zu der Bekleidungsanordnung des U versagt hätte?

Lösung Frage 1:

Entscheidungsgrundlage: Ob die außerordentliche Kündigung gegenüber der A berechtigt ist, beurteilt sich nach § 626 Abs. 1 BGB.

Voraussetzungen: Danach kann ohne Einhaltung einer Kündigungsfrist gekündigt werden, wenn ein wichtiger Grund vorliegt. Ein solcher wird vor allem angenommen bei:

- erheblicher Pflichtverletzung
- Unzumutbarkeit der weiteren Fortsetzung des Arbeitsverhältnisses.

Überprüfung: Eine der A obliegende Verpflichtung, weiße Kittel und Häubchen zu tragen, könnte sich aus dem Weisungsrecht des U ergeben. Da der Arbeitnehmer zur abhängigen Arbeit verpflichtet ist, hat er den Anordnungen des Arbeitgebers in Beziehung auf die ihm übertragene Arbeit Folge zu leisten (§ 106 GewO). Diese Pflicht geht so weit wie das Direktionsrecht des Arbeitgebers. Es ist daher zu untersuchen, ob die Anordnung des U vom 2. Januar im Rahmen des billigen Ermessens des Arbeitgebers liegt, § 106 GewO.

Hierbei müssen zwei Gesichtspunkte auseinander gehalten werden: zum einen der Aspekt der Hygiene, zum anderen die Frage der Ästhetik, auf die A abhebt.

Die Hygiene-Verordnung des betreffenden Bundeslandes schreibt vor, dass in den Betrieben der Backwarenfertigung Mitarbeiter in der Herstellung Schutzkleidung und Kopfbedeckung zu tragen haben. Damit ist die Anordnung des U gesetzlich geboten; eine Verletzung der Grenzen des Direktionsrechtes ist daher nicht gegeben.

Was die ästhetische Gestaltung der vorgeschriebenen Schutzkleidung angeht, besteht keine spezielle Regelung. Die Hygiene-Verordnung betrifft diese Frage nicht; auch sonst gibt es dazu keine gesetzliche Regelung. Auch Tarifverträge behandeln dies nicht. Eine Betriebsvereinbarung besteht nicht, weil kein Betriebsrat vorhanden ist (§ 77 Abs. 2 BetrVG). Eine betriebliche Übung ist auch nicht gegeben; die Schutzkleidung wird ja erst eingeführt. Der Einzelvertrag besagt gleichfalls nichts. Damit bleibt allein noch die Frage, ob die Anordnung des U im Rahmen des billigen Ermessens liegt. Bei einer Schutzkleidung können nicht die subjektiven Geschmackskriterien jedes einzelnen Arbeitnehmers maßgebend sein. Für einen Unternehmer, der Arbeitskleidung zur Verfügung stellt, stehen andere Aspekte im Vordergrund, etwa das einheitliche Erscheinungsbild, die Preisgünstigkeit der von ihm zu beschaffenden Kleidung, die Qualität, auch gute Reinigungseigenschaften, da sehr häufige Reinigung geboten ist. Demgegenüber haben subjektive Interessen der A zurückzutreten. A verletzt durch ihre Weigerung das Weisungsrecht des U, und zwar erheblich; sie kommt trotz eindringlicher Belehrungen und Ermahnungen der Anordnung nicht nach.

Diese Uneinsichtigkeit der A dürfte es für U unzumutbar machen, sie bis zum Ablauf der Kündigungsfrist zu beschäftigen.

Ergebnis: Da somit ein wichtiger Grund nach § 626 Abs. 1 BGB vorliegt, ist die außerordentliche Kündigung gegenüber A berechtigt.

Lösung Frage 2:

Entscheidungsgrundlage: Ob auch in diesem Falle die außerordentliche Kündigung der A berechtigt ist, bemisst sich wiederum nach § 626 Abs. 1 BGB.

Voraussetzungen: Die Erfordernisse hierfür sind bereits erörtert.

Überprüfung: Auch hier geht es um das Direktionsrecht des U. Nach der gesetzlichen Regelung des § 87 Abs. 1 Nr. 1 BetrVG hat der Betriebsrat in den Fragen der Ordnung des Betriebes, wozu auch das Tragen der Arbeitskleidung gehört, ein Mitbestimmungsrecht.

Dieses Recht des Betriebsrates erstreckt sich nicht auf die Frage, ob überhaupt Schutzkleidung in der Backwarenfabrik des U einzuführen ist. Denn insoweit besteht für Betriebe der Back- und Konditoreiwarenfertigung eine gesetzliche Regelung, nämlich die Hygiene-Verordnung, die für Mitarbeiter in der Produktion diese Schutzkleidung vorschreibt. Zwingende gesetzliche Schutzbestimmungen dürfen durch das Mitbestimmungsrecht des Betriebsrates nicht unterlaufen werden (§ 87 Abs. 1 BetrVG).

Anders liegt es bei dem Aspekt der ästhetischen Gestaltung der Arbeitskleidung. Hier gibt es keine höhere Rechtsnorm, die das Mitbestimmungsrecht des Betriebsrats einengt. Bei den reinen Geschmacksfragen wie Farbe, Schnitt und Design von Schutzkleidung besteht ein erheblicher Ermessensspielraum. Insoweit hat der Betriebsrat hier ein Mitbestimmungsrecht nach § 87 Abs. 1 Nr. 1 BetrVG. Da der Betriebsrat seine Zustimmung versagt hat, trifft U eine einseitige und somit unzulässige Maßnahme. Er verletzt damit die Grenzen des Direktionsrechts; er hätte die Einigungsstelle anrufen müssen (§§ 87 Abs. 2, 76 Abs. 5 BetrVG). Aus diesem Grunde ist seine Anordnung in Bezug auf die Schutzkleidung nicht wirksam. A ist also nicht verpflichtet, die zur Verfügung gestellte Arbeitsbekleidung zu tragen.

Ergebnis: In diesem Falle wäre anders zu entscheiden; die außerordentliche Kündigung gegenüber A ist nicht berechtigt.

Fall 55

Eine Nachlässigkeit kurz vor Feierabend

In der Fabrik des U ist der altbewährte Maschinenmeister A mit der Aufgabe der Wartung und Reparatur der Maschinen betraut. Eines Tages kurz vor Feierabend stellt A fest, dass sich vor der Großkühlanlage eine kleine Wasserpfütze gebildet hat. A stellt eine kurze Untersuchung an, entdeckt jedoch keinen Schaden. Am nächsten Morgen zeigt sich aber, dass die Umwälzanlage der Kühlanlage ausgefallen war, sodass die ganze Nacht hindurch immer größere Wassermengen nach außen traten. Der Mehrschaden an der Kühlanlage, der bei gründlicher Prüfung durch A am Vorabend hätte erkannt und verhindert werden können, belief sich auf 5000,– €. Ferner sind Gebäudeschäden in Höhe von 16 000,– € durch das austretende Wasser entstanden; der Betrieb ist in gemieteten Räumen des V untergebracht.

Frage 1: Ist A zum Ersatz des Maschinenschadens verpflichtet?

Frage 2: Muss er gegebenenfalls den vollen Schaden ersetzen?

Frage 3: Kann V, der sich wegen seines guten Verhältnisses zu U nicht an diesen halten will, seinen Gebäudeschaden von A ersetzt verlangen? Kann A für diesen Fall bei U Regress nehmen?

Lösung Frage 1:

1. Entscheidungsgrundlage: U könnte seinen Schadensersatzanspruch auf § 280 Abs. 1 BGB stützen.

Voraussetzungen: Diese Vorschrift verlangt

- das Bestehen eines Schuldverhältnisses
- eine Pflichtverletzung,
- die der Schuldner zu vertreten hat.

Überprüfung: Zwischen U und A besteht ein Schuldverhältnis, nämlich ein Arbeitsvertrag.

Daraus ergibt sich für A nicht nur die Verpflichtung zur Arbeitsleistung, sondern auch zur Rücksicht auf die Rechtsgüter und Interessen des U (§ 241 Abs. 2 BGB). Daher ist er als Maschinenmeister verpflichtet, Schäden an der Kühlanlage festzustellen und zu beheben. Dies hat er nicht getan; er hat Anzeichen für einen drohenden Schaden nicht genügend untersucht.

Diese Pflichtverletzung ist von A zu vertreten. Er hat die Ursache der Wasserpfütze nicht mit der gebotenen Sorgfalt untersucht und somit fahrlässig gehandelt (§ 276 Abs. 2 BGB).

Ergebnis: A hat Schadensersatz wegen Pflichtverletzung zu leisten.

2. Entscheidungsgrundlage: Als weitere Grundlage für einen Ersatzanspruch kommt § 823 Abs. 1 BGB in Betracht.

Voraussetzungen: Hierfür wird vorausgesetzt:
- Verletzung eines dort aufgeführten Rechtsgutes
- Widerrechtlichkeit
- Verschulden.

Überprüfung: A hat das Eigentum des U an der Großkühlanlage dadurch verletzt. dass er den Schaden nicht abwendete, wozu er verpflichtet war.

Dies geschah widerrechtlich, weil A keinen Rechtfertigungsgrund hatte.

Das Verhalten des A war auch, wie bereits ausgeführt, schuldhaft, nämlich fahrlässig.

Ergebnis: Auch aus § 823 Abs. 1 BGB ist A also zum Schadensersatz verpflichtet.

Lösung Frage 2:

Entscheidungsgrundlage: Grundsätzlich muss ein zum Schadensersatz Verpflichteter den gesamten verursachten Schaden ersetzen. Dieses Ergebnis ist im Arbeitsrecht oft unbefriedigend. Es berücksichtigt nämlich weder die typischen Gefahren, die von vielen Arbeiten ausgehen, noch den Grad des Verschuldens und die soziale Härte, die für den Arbeitnehmer mit einem vollen Schadensersatz verbunden ist. Daher hat die Rechtsprechung aus der Fürsorgepflicht des Arbeitgebers Haftungserleichterungen für den schädigenden Arbeitnehmer entwickelt (vgl. BAG DB 1994, 2237).

Voraussetzungen: Damit eine Haftungserleichterung eingreift, ist erforderlich
- Schädigung von Rechtsgütern des Arbeitgebers
- durch eine betriebliche Tätigkeit
- weder Vorsatz noch grobe Fahrlässigkeit des Arbeitnehmers.

Überprüfung: A hat, wie oben dargelegt, dem U Schaden zugefügt.

Der Schaden ist bei Ausführung der Arbeit, nämlich durch die ungenügende Untersuchung des A während der Arbeitszeit, entstanden.

A hat sich weder vorsätzlich noch grob fahrlässig verhalten. Er hat zwar die im Verkehr erforderliche Sorgfalt außer Acht gelassen, da seine Prüfung nicht gründlich genug war. Dies war aber keine elementare Sorgfaltsverletzung, da A immerhin eine Untersuchung angestellt hat und der Schaden bei der kleinen Wasserpfütze nicht ohne weiteres erkennbar war.

Ergebnis: Die Rechtsfolge ist, dass U nicht den ganzen Schaden von A ersetzt verlangen kann. Dem A kommt somit die von der Rechtsprechung entwickelte Haftungserleichterung zugute. Der Umfang dieser Haftungserleichterung richtet sich vorwiegend nach dem Grad des Verschuldens. Bei sog. leichtester Fahrlässigkeit wird A von der Haftung völlig frei. Bei normaler leichter Fahrlässigkeit findet eine Schadenverteilung statt; dabei sind die gesamten Umstände des Einzelfalles zu berücksichtigen. Im gegebenen Fall dürfte normale leichte Fahrlässigkeit vorliegen. Angesichts der Höhe des Schadens und der langjährigen Beschäftigung des A bei U dürfte Schadensersatz in der Größenordnung von einem Viertel gerechtfertigt sein.

Demnach kann U nur 1250,– € von A fordern.

Lösung Frage 3:

Entscheidungsgrundlage: V kann von A nach § 823 Abs. 1 BGB Ersatz des vollen Gebäudeschadens verlangen. A hat widerrechtlich und fahrlässig das Eigentum des V an dem Fabrikgebäude beschädigt. Er kann sich nicht auf die Haftungserleichterung des Arbeitsrechts berufen, da diese sich nur auf das Verhältnis zwischen Arbeitgeber und Arbeitnehmer bezieht (vgl. Erfurter Kommentar zum Arbeitsrecht, 11. Auflage, § 619a BGB, Randnr. 9 ff.).

Zu prüfen bleibt, ob A bei U Regress nehmen kann, wenn er seinerseits an V bezahlt hat. Auf den ersten Blick erscheint es paradox, dass der Schädiger seinerseits Regressansprüche stellen soll. Aus der Sicht des A ist es jedoch ein Zufall, ob der Schaden bei seinem Arbeitgeber U oder dem Dritten V entstanden ist. Wäre der Betrieb nicht in Mieträumen, sondern in eigenen Räumen untergebracht gewesen, dann wäre der Schaden bei U entstanden, und A hätte, wie oben angeführt, nur ein Viertel des Schadens zu ersetzen brauchen. Deshalb erfordert es die Fürsorgepflicht des Arbeitgebers, dass er auch den Drittschaden anteilmäßig übernimmt.

Voraussetzungen: Ein solcher Regressanspruch verlangt, dass A, wenn er diesen Schaden dem U zugefügt hätte, sich auf die Haftungserleichterung des Arbeitsrechts hätte berufen können. Die Voraussetzungen hierfür wurden bereits oben aufgeführt.

Überprüfung: Sie sind, wie ebenfalls bereits begründet wurde, erfüllt.

Ergebnis: Demgemäß kann A von U in Höhe von ¾ der an V gezahlten 16 000,– € Ersatz verlangen, somit 12 000,– €. Die restlichen 4000,– € muss er allein tragen.

Fall 56

Der verunglückte Bauarbeiter

Der Bauarbeiter A erlitt einen schweren Arbeitsunfall. Er war auf der Sohle eines 3 Meter tiefen Kanalisationsgrabens beschäftigt, als die Versprießung einknickte und ihn die einbrechende Erdmasse verschüttete. A war ein halbes Jahr arbeitsunfähig. Die nachträglichen Untersuchungen ergaben, dass die Versprießung nicht den Unfallverhütungsvorschriften der Bau-Berufsgenossenschaft entsprochen hatte.

Frage: Kann A vom Bauunternehmer U Schadensersatz verlangen? A denkt hierbei an ein angemessenes Schmerzensgeld und an seine verloren gegangene Armbanduhr.

Lösung:

1. Entscheidungsgrundlage: Schadensersatz könnte aus § 280 Abs. 1 BGB berechtigt sein.

Voraussetzungen: Diese Grundlage verlangt:
- Schuldverhältnis
- Pflichtverletzung,
- die der Schuldner zu vertreten hat.

Überprüfung: Zwischen U und A besteht ein Schuldverhältnis, nämlich ein Arbeitsverhältnis.

Hieraus ergab sich für U die vertragliche Pflicht zur Rücksicht auf die Rechte, Rechtsgüter und Interessen seines Arbeitnehmers A (§ 241 Abs. 2 BGB). Dazu gehört insbesondere die Schaffung eines gefahrlosen Arbeitsplatzes. Das bedeutet, dass U mindestens die Unfallverhütungsvorschriften seiner Berufsgenossenschaft einzuhalten hat. Das hat U aber nicht getan.

Diese Pflichtverletzung war auch fahrlässig (§ 276 Abs. 2 BGB). Wer Unfallverhütungsvorschriften nicht einhält, lässt die im Verkehr erforderliche Sorgfalt außer Acht.

Ergebnis: Der Schadensersatzanspruch wegen Pflichtverletzung besteht. Er umfasst sowohl den materiellen Schaden, nämlich die Uhr, als auch den immateriellen Schaden, das Schmerzensgeld (§ 253 Abs. 2 BGB).

2. Entscheidungsgrundlage: Schadensersatz könnte auch nach § 823 Abs. 1 BGB begründet sein.

Voraussetzungen: § 823 Abs. 1 BGB setzt voraus:
- Verletzung eines aufgeführten Rechtsgutes
- Widerrechtlichkeit
- Verschulden.

Überprüfung: Gesundheit und Eigentum des A wurden durch den Arbeitsunfall verletzt. Beides sind in § 823 Abs. 1 BGB aufgeführte Rechtsgüter. Die Verletzung geht auch auf U zurück. U hätte durch entsprechende Weisungen und Kontrollen die Gefährdung des A ausschließen müssen.

U hatte kein Recht, Gesundheit und Eigentum des A zu verletzen.

Auch liegt, wie oben bereits dargelegt wurde, Verschulden in Form der Fahrlässigkeit vor.

Ergebnis: Die Voraussetzungen einer unerlaubten Handlung nach § 823 Abs. 1 BGB sind also gleichfalls erfüllt.

3. Entscheidungsgrundlage: Diese Schadensersatzansprüche aus Vertragsverletzung und unerlaubter Handlung können jedoch an einer Spezialbestimmung des Sozial- und Arbeitsrechtes scheitern, an § 104 SGB VII. Danach wird ein Arbeitgeber von an sich bestehenden Verpflichtungen entlastet, weil er zu laufenden Beiträgen an die Berufsgenossenschaft herangezogen wird.

Voraussetzungen: § 104 SGB VII lässt einen Arbeitgeber für Personenschäden aus einem Arbeitsunfall nur in zwei Fällen haften, nämlich:
- bei vorsätzlicher Herbeiführung des Arbeitsunfalles und
- bei einem Wegeunfall nach § 8 Abs. 2 Nr. 1 bis 4 SGB VII.

Überprüfung: U hat den Arbeitsunfall nicht vorsätzlich herbeigeführt. U hat allein fahrlässig gehandelt, ohne die Auswirkung seines Fehlverhaltens zu wollen oder zu wünschen.

Der Unfall hat sich am Arbeitsplatz des A und nicht auf dem Weg zur Arbeit ereignet.

Ergebnis: A kann danach seinen Personenschaden nicht von U ersetzt verlangen. A ist insoweit auf Ansprüche gegen die Berufsgenossenschaft verwiesen, die aber nicht so weit gehen wie ein Schadensausgleich; Schmerzensgeld wird nicht gewährt (vgl. Erfurter Kommentar zum Arbeitsrecht, 11. Auflage, § 104 SGB VII Randnr. 15).

Sachschaden, wie die verloren gegangene Armbanduhr, wird von § 104 SGB VII nicht ersetzt.

Fall 57

Die verweigerte Weihnachtsgratifikation

Unternehmer U hat zu Weihnachten eine Gratifikation in Höhe eines Monatseinkommens gewährt und, wie in den früheren Jahren, mit folgendem Begleitschreiben versehen: „Die Bezahlung der Weihnachtsgratifikation erfolgt einmalig und freiwillig in der Weise, dass hieraus für die Zukunft keinerlei Rechtsansprüche hergeleitet werden können".

Nur die Angestellten A und B haben keine Gratifikation erhalten, weil A auf 31. Dezember gekündigt hat und B dem U nicht sympathisch ist.

Frage 1: Ist der Angestellte A berechtigt, die Weihnachtsgratifikation zu verlangen?
Frage 2: Wie verhält es sich mit dem Angestellten B?
Frage 3: Der Buchhalter X hat unter Einhaltung der Kündigungsfrist am 15. Februar des folgenden Jahres zum 31. März gekündigt. Ist U berechtigt, die Gratifikation von X zurückzufordern?

Lösung Frage 1:

Eine gesetzliche Anspruchsgrundlage gibt es nicht. Auch bietet der Sachverhalt keinen Anhalt für Gratifikationsansprüche aus Tarifvertrag, Betriebsvereinbarung und Einzelarbeitsvertrag. Als Anspruchsgrundlage verbleiben daher allein betriebliche Übung und Gleichbehandlungsgrundsatz.

1. Entscheidungsgrundlage: Zunächst ist die betriebliche Übung zu prüfen.

Voraussetzungen: Ein auf die betriebliche Übung gestützter Anspruch verlangt, dass der Arbeitgeber die Gratifikation mindestens dreimal vorbehaltlos gewährt hat (vgl. Erfurter Kommentar zum Arbeitsrecht, 11. Auflage, § 611 BGB Randnr. 220).

Überprüfung: U hat in den vergangenen Jahren die Weihnachtsgratifikation durch ein Begleitschreiben als „einmalige und freiwillige Leistung …" gekennzeichnet. Er hat also nicht vorbehaltlos geleistet.

Ergebnis: A hat also keinen Anspruch, weil wegen des Vorbehaltes keine betriebliche Übung entstanden ist.

2. Entscheidungsgrundlage: Nunmehr gilt es, den Gleichbehandlungsgrundsatz zu untersuchen. Die Rechtsprechung hat aus der Fürsorgepflicht des Arbeitgebers und aus § 75 BetrVG den Gleichbehandlungsgrundsatz entwickelt. Das bedeutet, dass ein Arbeitnehmer von seinem Arbeitgeber verlangen kann, mit den übrigen Arbeitnehmern gleichgestellt zu werden.

Voraussetzungen: Dabei wird verlangt, soweit es um freiwillige Leistungen geht:
- Ausschluss einzelner Arbeitnehmer von dieser Leistung
- kein sachlicher Grund für die Differenzierung.

Überprüfung: U gewährt die Weihnachtsgratifikation an alle Arbeitnehmer. Nur A und B werden ausgeschlossen.

A hat zum 31. Dezember gekündigt. Dies ist ein sachlicher Grund, der U berechtigt, A anders zu behandeln als seine übrigen Arbeitnehmer, die sich in ungekündigtem Zustand befinden. Die Weihnachtsgratifikation ist nämlich nicht nur eine Anerkennung für die im vergangenen Jahr geleistete Arbeit, sondern auch Anreiz für weitere Dienstleistungen.

Ergebnis: A hat somit auch nach dem Gleichbehandlungsgrundsatz keinen Anspruch auf Weihnachtsgratifikation.

Lösung Frage 2:

Entscheidungsgrundlage: Auch für B kommt allein der Gleichbehandlungsgrundsatz als Grundlage für seine Gratifikation in Betracht.

Voraussetzungen: Die Erfordernisse hierfür wurden bereits dargestellt.

Überprüfung: Dass B dem U nicht sympathisch ist, stellt keinen sachlichen Grund dar, sondern einen rein persönlichen. Eine derartige willkürliche Behandlung rechtfertigt aber die Differenzierung nicht.

Ergebnis: Da U zur Ungleichbehandlung nicht berechtigt ist, hat er B so zu stellen wie seine übrigen Arbeitnehmer. U ist also verpflichtet, B eine Weihnachtsgratifikation in Höhe eines Monatseinkommens zu bezahlen.

Lösung Frage 3:

Entscheidungsgrundlage: Als Anspruchsgrundlage kommen auch für U Gesetz, Tarifvertrag, Betriebsvereinbarung, betriebliche Übung und einzelvertragliche Vereinbarung in Frage.

Es gibt kein Gesetz, das den Arbeitgeber berechtigt, von seinem Arbeitnehmer die Weihnachtsgratifikation wegen Kündigung zurückzufordern.

Der Anspruch auf Rückzahlung steht U auch nicht auf Grund eines Tarifvertrages, einer Betriebsvereinbarung und betrieblicher Übung zu; der Sachverhalt gibt hierzu keinen Anhaltspunkt.

Verbleibt als letzte mögliche Anspruchsgrundlage für U die individuelle Vereinbarung.

Eine vertragliche Abrede zwischen U und X ist aber nach dem Sachverhalt nicht erfolgt. U hat mit X keine Rückzahlungsklausel vereinbart.

Da somit keinerlei Anspruchsgrundlage besteht, ist U nicht berechtigt, von X die Weihnachtsgratifikation zurückzufordern.

Fall 58

Entlassung wegen AIDS

Die AIDS-Infizierte H wurde zum 1. Juni 2010 vom Versandhaus V (200 Arbeitnehmer) als Hilfskraft eingestellt. Sie arbeitete dort zur Zufriedenheit ihres Vorgesetzten. Als sich nach der Weihnachtsfeier 2010 das Gerücht verdichtete, H sei AIDS-infiziert und auch der Betriebsrat Klärung wünschte, gab H im Personalbüro freimütig zu: Sie habe beim Einstellungsgespräch die Frage nach schwerwiegenden Erkrankungen bewusst der Wahrheit zuwider verneint, weil sie nur so eine Chance gesehen habe, den Arbeitsplatz zu erhalten. Sie werde um diesen Arbeitsplatz mit letzter Konsequenz kämpfen.

Frage: Kann das Versandhaus V, auch gedrängt von einigen Mitarbeitern, H gegen ihren Willen entlassen?

Lösung:

Eine Entlassung könnte aus dreifachem Grunde berechtigt sein: bei berechtigter Anfechtung, bei begründeter fristloser oder fristgerechter Kündigung. Dabei ist die Anfechtung zuerst zu prüfen. Sie führt zur Nichtigkeit des Arbeitsvertrags (vgl. § 142 Abs. 1 BGB), während die Kündigung ein gültiges Arbeitsverhältnis voraussetzt.

1. Entscheidungsgrundlage: Eine Anfechtung könnte sowohl nach § 123 BGB als auch nach § 119 Abs. 2 BGB berechtigt sein. V zieht die Anfechtung nach § 123 BGB vor, weil hier die Rechtsfolgen für ihn günstiger sind (keine Schadensersatzpflicht nach § 122 BGB; längere Anfechtungsfrist, vgl. §§ 124, 121 BGB).

Voraussetzungen: Der Anfechtungsgrund des § 123 BGB verlangt:

- Täuschung
- Arglist
- Ursächlichkeit für die abgegebene Willenserklärung.

Überprüfung: H täuschte V beim Einstellungsgespräch. Sie sagte die Unwahrheit, als sie nach schwerwiegenden Erkrankungen gefragt wurde und darauf ihre AIDS-Infektion verschwieg.

Problematisch ist die Arglist. Die Arbeitsgerichte schützen die Intimsphäre des Arbeitnehmers. Daher handelt ein Arbeitnehmer nicht arglistig, wenn er auf eine zu weitgehende Frage mit einer Lüge reagiert. Fragen nach Krankheiten betreffen Persönliches und sind daher nur in engen Grenzen zulässig, nämlich dann, wenn durch die Krankheit die Eignung des Arbeitnehmers jetzt oder in naher Zukunft ernsthaft in Frage gestellt ist. Das ist bei bloßer AIDS-Infektion nicht der Fall. Dieser Arbeitnehmer ist, wie H beweist, voll leistungsfähig. Auch besteht für die Arbeitskollegen praktisch keine Ansteckungsgefahr. Anders ist es bei Tätigkeiten wie beispielsweise im medizinischen Bereich, bei denen das Risiko einer Berührung mit Blut, Körpersekreten und -flüssigkeiten besteht. Darunter fällt die Tätigkeit der H, Hilfskraft in einem Versandhaus, nicht. Der zukünftige Verlauf einer AIDS-Infektion ist unsicher. Die Inkubationszeit kann bis zu zehn Jahre dauern. Eine so ungewisse Möglichkeit, als Arbeitskraft auszufallen, berechtigt einen Arbeitgeber nicht, deswegen schon bei der Einstellung in die Intimsphäre des Arbeitnehmers einzudringen. H durfte also die AIDS-Infektion bei der Frage nach schwerwiegenden Erkrankungen verschweigen (vgl. BAG, DB 1984, 2706; Erfurter Kommentar zum Arbeitsrecht, 11. Auflage, § 611 BGB Randnr. 274).

Ergebnis: Eine Anfechtung nach § 123 BGB ist nicht gerechtfertigt.

2. Entscheidungsgrundlage: Es bleibt die Anfechtungsmöglichkeit nach § 119 Abs. 2 BGB.

Voraussetzungen dafür sind:
- Abgabe einer Willenserklärung
- Irrtum über eine verkehrswesentliche Eigenschaft der Person
- Wesentlichkeit des Irrtums.

Überprüfung: V gab eine Willenserklärung ab, als er den Arbeitsvertrag mit H schloss.

V befand sich dabei im Irrtum über den Gesundheitszustand der H. Dieser Irrtum betraf zwar eine Eigenschaft der H, nicht aber eine verkehrswesentliche. Dazu müsste die verschwiegene Infektion die Leistungsfähigkeit des Arbeitnehmers dauernd erheblich herabsetzen (vgl. BAG AP Nr. 3 zu § 119 BGB; Erfurter Kommentar zum Arbeitsrecht, 11. Auflage, § 611 BGB Randnr. 351). Das ist bei einer bloßen AIDS-Infektion nicht der Fall.

Ergebnis: Eine Anfechtung ist daher auch nicht nach § 119 Abs. 2 BGB berechtigt.

3. Entscheidungsgrundlage: Eine fristlose Kündigung als weitere Möglichkeit, H zu entlassen, ist nach § 626 Abs. 1 BGB zu beurteilen.

Voraussetzungen: Diese Norm setzt voraus:
- ein Arbeitsverhältnis
- einen wichtigen Grund.

Überprüfung: Zwischen V und H besteht ein Arbeitsverhältnis, nämlich ein Dienstverhältnis zwischen Arbeitnehmer und Arbeitgeber.

Der wichtige Grund setzt eine erhebliche Pflichtverletzung voraus, die es unzumutbar macht, das Arbeitsverhältnis fortzusetzen Eine AIDS-Infektion, wie sie bei H vorliegt, ist kein wichtiger Kündigungsgrund. Die Infizierte ist, solange die Krankheit nicht ausgebrochen ist, voll arbeitsfähig. Auch besteht für die Arbeitskollegen keine Ansteckungsgefahr. Dass einige Mitarbeiter das anders einschätzen und deshalb auf Entlassung drängen, reicht nicht aus. In einer solchen Situation ist es einem Arbeitgeber zuzumuten, sich schützend vor den AIDS-infizierten Arbeitnehmer zu stellen und dem Druck zu widerstehen. Anders mag das dann sein, wenn die Mitarbeiter trotz eingehender Aufklärung Eigenkündigungen androhen, die den Betrieb gefährden würden (vgl. BAG DB 1976, 634; Erfurter Kommentar zum Arbeitsrecht, 11. Auflage, § 626 BGB Randnr. 185). Dafür aber gibt der Sachverhalt keinen Anhalt.

Ergebnis: Eine fristlose Kündigung ist also gleichfalls nicht begründet.

4. Entscheidungsgrundlage: Es bleibt die fristgerechte Kündigung, gegen die sich H mit einer Kündigungsschutzklage zur Wehr setzen wird. Ob diese Klage erfolgreich sein wird, richtet sich nach § 1 i.V. mit § 23 KSchG.

Voraussetzungen: Kündigungsschutz setzt danach voraus:
- ordentliche Kündigung durch den Arbeitgeber
- mehr als 10 Beschäftigte
- ununterbrochene Betriebszugehörigkeit für länger als 6 Monate
- keine soziale Rechtfertigung der Kündigung.

Überprüfung: V erwägt eine ordentliche Kündigung.

Das Versandhaus hat mit 200 Arbeitnehmern mehr Beschäftigte als § 23 Abs. 1 Satz 3 KSchG verlangt.

Auch gehört H, die zum 1. Juni 2010 eingestellt wurde, zur Zeit der Weihnachtsfeier – Dezember 2010 – schon länger als 6 Monate zu den Arbeitnehmern des V.

Nach alledem hängt der Prozessausgang von der materiellen Voraussetzung ab, ob nämlich die Kündigung nach § 1 Abs. 2 KSchG sozial gerechtfertigt ist. Eine bloße AIDS-Infektion ist kein personenbedingter Kündigungsgrund. H ist voll leistungsfähig; für Dritte besteht keine Ansteckungsgefahr. Genauso scheidet eine verhaltensbedingte Rechtfertigung aus. H arbeitet ja zur Zufriedenheit ihres Vorgesetzten. Eine betriebsbedingte Kündigung, die noch bleibt, kann allein mit dem Druck der Mitarbeiter, H zu entlassen, nicht begründet werden. Ein Arbeitgeber muss einem solchen Druck grundsätzlich widerstehen und aufklärend wirken. Das hat V bis jetzt nicht getan. Wenn ein Arbeitgeber damit scheitert, kann eine Kündigung ausnahmsweise berechtigt sein. Dabei würde hier – anders als bei der fristlosen Kündigung – schon eine weniger dramatische Situation für die soziale Rechtfertigung ausreichen (vgl. Erfurter Kommentar zum Arbeitsrecht, 11. Auflage, § 626 BGB Randnr. 185).

Ergebnis: Eine Kündigungsschutzklage der H hätte Erfolg. Es gibt keine Handhabe, H zu entlassen.

Fall 59

Kündigung wegen Krankheit

Der Angestellte A ist seit dem 1.1.2006 in der Maschinenfabrik des U (1500 Arbeitnehmer) beschäftigt. A ist häufig krank. Er hat im Jahr 2007 an 34 Tagen, 2008 an 46 Tagen, 2009 an 66 Tagen und 2010 an 69 Tagen krankheitshalber gefehlt. Insgesamt hat es sich dabei um 14 Krankheitsfälle gehandelt. Als er sich eines Tages im Mai 2011 nach gerade überstandener erneuter Krankheit wieder zur Arbeit einfindet, bittet ihn der U zu sich und fragt, ob er wieder völlig hergestellt sei. A erwidert wahrheitsgemäß, sein Arzt habe ihm geraten, in nächster Zeit eine Genesungskur zu beantragen. Da A dem betrieblichen Eingliederungsmanagement nicht zustimmt, teilt U dem Betriebsrat mit, dass er beabsichtige, dem A wegen häufiger Krankheit ordentlich zu kündigen.

Der Betriebsrat, mit dem A schon immer auf gutem Fuß stand, erklärt dem U schon am nächsten Tag schriftlich, er erhebe gegen die beabsichtigte Kündigung Widerspruch. Als Begründung wird lapidar angegeben, es sei unsozial, einem Arbeitnehmer wegen Krankheit zu kündigen; schließlich könne der A nichts dafür. U spricht gleichwohl fristgerecht die Kündigung aus. A erhebt zwei Wochen später Kündigungsschutzklage beim zuständigen Arbeitsgericht. Ferner beantragt er, das Arbeitsgericht möge den U verpflichten, ihn zu den alten Arbeitsbedingungen weiterzubeschäftigen, „bis die Sache endgültig ausgefochten ist".

Frage 1: Muss U den A bis zur Erledigung des Rechtsstreits weiterbeschäftigen?
Frage 2: Ist die Kündigung des U berechtigt?

Lösung Frage 1:

1. Entscheidungsgrundlage: Ob U den A weiterbeschäftigen muss, beurteilt sich nach § 102 Abs. 5 BetrVG.

Voraussetzungen: Diese Vorschrift verlangt:
- ordentliche Kündigung durch den Arbeitgeber
- frist- und ordnungsgemäßen Widerspruch des Betriebsrates
- Erhebung der Kündigungsschutzklage durch den Arbeitnehmer
- Verlangen nach Weiterbeschäftigung.

Überprüfung: U hat dem A ordentlich gekündigt.

Der Betriebsrat hat dieser Kündigung widersprochen. Der Widerspruch war auch rechtzeitig, nämlich innerhalb der Wochenfrist des § 102 Abs. 2 Satz 1 BetrVG. Er war aber nur ganz allgemein gehalten und nicht auf einen der in Absatz 3 aufgeführten Widerspruchsgründe gestützt. Da der Betriebsrat nur aus bestimmten, im Gesetz aufgeführten Gründen widersprechen kann, gehört es mindestens zur Ordnungsmäßigkeit des Widerspruchs, dass auf einen dieser Gründe Bezug genommen wird (Erfurter Kommentar zum Arbeitsrecht, 11. Auflage, § 102 BetrVG Randnr. 15). Daran fehlt es hier.

Ergebnis: U braucht also den A über den Ablauf der Kündigungsfrist hinaus nicht zu beschäftigen.

2. Entscheidungsgrundlage: Nach der Rechtsprechung (vgl. BAG BB 1985, 1978 ff.) kann auch außerhalb der Regelung des § 102 Abs. 5 BetrVG ein Weiterbeschäftigungsanspruch bestehen. Dieser wird aus dem Arbeitsverhältnis selbst hergeleitet, das ein personenrechtliches Gemeinschaftsverhältnis ist und daher dem Arbeitnehmer nicht nur einen Anspruch auf Lohnzahlung, sondern auch auf Beschäftigung gibt.

Voraussetzungen: Dieser Anspruch besteht im Falle einer Kündigung, wenn
- der Arbeitnehmer Kündigungsschutzklage erhebt
- der Arbeitnehmer die Weiterbeschäftigung verlangt und
- keine überwiegenden schutzwürdigen Interessen des Arbeitgebers entgegenstehen.

Überprüfung: A hat gegen die ordentliche Kündigung rechtzeitig, nämlich innerhalb der dreiwöchigen Frist des § 4 Satz 1 KSchG, Klage erhoben.

A verlangt von U die Weiterbeschäftigung.

Bei der Frage, ob das schutzwürdige Interesse des Arbeitgebers einer Weiterbeschäftigung entgegensteht, differenziert die Rechtsprechung. Normalerweise soll ein Arbeitgeber nicht das Risiko tragen, dass er trotz eines später gewonnenen Prozesses den Arbeitnehmer über einen längeren Zeitraum weiterbeschäftigen muss. Anders ist es aber bei offensichtlich unwirksamen Kündigungen. Da hier eine Unsicherheit über den Fortbestand des Arbeitsverhältnisses objektiv gar nicht vorliegt, kann sich der Arbeitgeber auf kein schutzwürdiges Interesse berufen. Im gegebenen Fall ist die Kündigung des U nicht offensichtlich unwirksam. Formfehler sind nicht ersichtlich. In materieller Hinsicht können häufige Erkrankungen eine Kündigung sozial rechtfertigen (vgl. dazu die 2. Frage). U hat auch nicht verantwortungslos gehandelt, denn er hat die Krankheitsentwicklung des A über mehrere Jahre hinweg beobachtet, das betriebliche Eingliederungsmanagement nach § 84 Abs. 2 SGB IX angeboten und erst dann seine Kündigung ausgesprochen.

Ergebnis: Auch aus dem Arbeitsverhältnis besteht kein Anspruch auf Weiterbeschäftigung.

Lösung Frage 2:

Entscheidungsgrundlage: Die Berechtigung der Kündigung ist nach § 1 i.V. mit § 23 KSchG zu prüfen.

Voraussetzungen: Danach genießt der Arbeitnehmer Kündigungsschutz unter folgenden Bedingungen:
- ordentliche Kündigung durch den Arbeitgeber
- mehr als zehn Beschäftigte
- ununterbrochene Betriebszugehörigkeit für länger als 6 Monate
- keine soziale Rechtfertigung der Kündigung.

Überprüfung: Eine ordentliche Kündigung des Arbeitgebers U liegt vor.

Die Maschinenfabrik hat die erforderliche Betriebsgröße; sie beschäftigt 1500 Arbeitnehmer.

A ist bereits über fünf Jahre bei U beschäftigt.

Die Frage, ob Krankheit des Arbeitnehmers eine Kündigung sozial rechtfertigt, hat die Rechtsprechung (vgl. BAG BB 1990, 553 ff.) unter folgenden Voraussetzungen bejaht:

- häufige Erkrankungen bei negativer Zukunftsprognose
- erhebliche Beeinträchtigung der betrieblichen Interessen
- Unzumutbarkeit der Fortsetzung des Arbeitsverhältnisses.

Hier liegen bei A wiederholte kürzere Erkrankungen vor. A hat 2007 an 34 Arbeitstagen, 2008 an 46, 2009 an 66 und 2010 an 69 Arbeitstagen gefehlt; dabei handelt es sich insgesamt um 14 Krankheitsfälle. Die Fehlzeiten sind also erheblich; im Durchschnitt der letzten drei Jahre lagen sie über 25 %. Die Krankheitsfälle sind mit einer gewissen Regelmäßigkeit aufgetreten. Auch war die Krankheitsrate in den letzten Jahren ansteigend. Schließlich hat der behandelnde Arzt dem A zu einer Kur geraten. Aus alledem muss man schließen, dass die Gesundheit des A ernstlich und auf Dauer geschädigt ist.

Betriebliche Interessen können zum einen beeinträchtigt sein, wenn Betriebsabläufe nachhaltig gestört werden. Ob das hier der Fall ist, lässt der Sachverhalt offen. Außerdem erkennt die Rechtsprechung die Beeinträchtigung durch erhebliche wirtschaftliche Belastungen in Form von Lohnfortzahlungen an. Dabei hat ein Betrieb als sog. Mindestbelastung eine Lohnfortzahlung von sechs Wochen (30 Arbeitstagen) im Jahr hinzunehmen. Im gegebenen Fall liegen die tatsächlichen Lohnfortzahlungskosten erheblich über dieser Belastungsgrenze. Es liegen ja in den letzten vier Jahren 14 Krankheitsfälle vor.

Im Rahmen der Prüfung, ob eine Fortsetzung des Arbeitsverhältnisses unzumutbar ist, muss eine Interessenabwägung vorgenommen werden. Im Interesse des A könnte es liegen, an einen anderen Arbeitsplatz versetzt zu werden, wo seine Ausfälle weniger Auswirkungen haben. Ob das hier möglich ist, erscheint zweifelhaft, zumal der Betriebsrat, der dem A wohlgesonnen ist, auf diesen Gesichtspunkt nicht abgehoben hat. Auf der anderen Seite jedoch sind die erforderlichen Lohnfortzahlungskosten zu berücksichtigen, die durch eine Versetzung nicht verändert werden. Diese erhebliche wirtschaftliche Belastung muss vom U nicht hingenommen werden.

Ergebnis: Die Kündigungsschutzklage hat wenig Aussicht auf Erfolg.

Fall 60

Die Einführung von Betriebsferien

Der Unternehmer U möchte Betriebsferien einführen. Dazu legen U und der Betriebsrat in einer Betriebsvereinbarung schriftlich fest, dass der Betrieb während der ersten drei Wochen der Sommerferien an den Schulen geschlossen wird und alle Mitarbeiter während dieser Zeit ihren Urlaub zu nehmen haben.

Dies führt zu einer gewissen Beunruhigung unter den Beschäftigten, die es bisher als besonderen Vorteil angesehen haben, dass der Urlaub meist nach ihren Wünschen bewilligt worden ist. Besonders der Einzelprokurist P, dem der U weitgehende Befugnisse erteilt hat, der Angestellte X und der Vorarbeiter Y sind aufgebracht und glauben, dass die Betriebsvereinbarung für sie nicht gelte. P ist der Auffassung, dass eine derartige Regelung für einen Prokuristen unwirksam sei. X, ein begeisterter Skiläufer, möchte seinen Urlaub im Winter nehmen. Er meint, dass seine Urlaubswünsche zu berücksichtigen seien, da dies im Gesetz so bestimmt sei. Y bringt vor, dass bei ihm auf Grund seines besonderen Wunsches als einzigem Arbeitnehmer von U im Arbeitsvertrag steht, dass er seinen Urlaub in der Vorsaison nehmen kann. Daran ist ihm besonders gelegen, da er kinderlos ist und den Hauptsaisonrummel scheut.

Fragen: Sind die Auffassungen von P (1), X (2) und Y (3) richtig?

Lösung Frage 1:

Entscheidungsgrundlage: Für den Prokuristen P ergibt sich die Antwort aus § 77 Abs. 4 BetrVG in Verbindung mit § 5 dieses Gesetzes.

Voraussetzungen: Danach gilt die Regelung über den Betriebsurlaub für P unmittelbar und zwingend, wenn

- eine wirksame Betriebsvereinbarung vorliegt,
- die für den betroffenen Arbeitnehmer Anwendung findet.

Überprüfung: Die Betriebsvereinbarung über die Betriebsferien ist wirksam. Sie ist zwischen den richtigen Partnern abgeschlossen, nämlich zwischen U und dem Betriebsrat (§ 77 Abs. 2 BetrVG); auch ist die gesetzlich vorgeschriebene Schriftform gewahrt (§ 77 Abs. 2 BetrVG). Die Betriebsvereinbarung ist auch inhaltlich möglich. Die Lage des Urlaubs wird üblicherweise nicht durch Tarifvertrag bestimmt (§ 77 Abs. 3 BetrVG).

Das Betriebsverfassungsgesetz findet jedoch nicht auf alle Arbeitnehmer im Betrieb Anwendung. Nach § 5 Abs. 3 Nr. 2 BetrVG ist P als Prokurist ausdrücklich ausgenommen, weil seine Prokura auch im Verhältnis zum Arbeitgeber U weitgehende Befugnisse enthält.

Ergebnis: Die Auffassung von P ist also richtig.

Lösung Frage 2:

Entscheidungsgrundlage: Auch für den Angestellten X ist § 77 Abs. 4 i.V.m. § 5 BetrVG maßgebend.

Voraussetzungen: Die Erfordernisse hierfür sind bereits dargelegt.

Überprüfung: Bei der Bewertung der Wirksamkeit der Betriebsvereinbarung stellt sich hier die zusätzliche Frage, ob die zeitliche Festlegung der Betriebsferien gegen § 7 Abs. 1 BUrlG verstößt. Nach dieser Vorschrift sind die Urlaubswünsche der Arbeitnehmer grundsätzlich zu berücksichtigen. § 7 Abs. 1 BUrlG, worauf sich X beruft, ist zwar zwingendes Recht (§ 13 Abs. 1 Satz 3 BUrlG), sodass dies der Betriebsvereinbarung an sich vorgeht. § 7 Abs. 1 BUrlG macht jedoch von dem Grundsatz, dass die Urlaubswünsche der Arbeitnehmer zu berücksichtigen sind, dort eine Ausnahme, wo dringende betriebliche Belange entgegenstehen. Rechtswirksam eingeführte Betriebsferien begründen solche betriebliche Belange, hinter denen die individuellen Urlaubswünsche der Arbeitnehmer zurückstehen müssen (vgl. BAG BB 1982, 616 ff.). Daher verstößt die Betriebsvereinbarung über die Betriebsferien nicht gegen § 7 Abs. 1 BUrlG und ist daher wirksam.

Die Betriebsvereinbarung findet auf X Anwendung. Er ist Arbeitnehmer nach § 5 Abs. 1 BetrVG.

Ergebnis: Die Betriebsvereinbarung gilt somit für X; er hat seinen Urlaub im Sommer zu nehmen.

Lösung Frage 3:

Entscheidungsgrundlage: Auch für den Vorarbeiter Y ist § 77 Abs. 4 i.V.m. § 5 BetrVG einschlägig.

Voraussetzungen: Die Kriterien sind bereits erörtert.

Überprüfung: Bei der Frage, ob die Betriebsvereinbarung wirksam ist, ergibt sich hier zusätzlich das Problem, welches Verhältnis zwischen Betriebsvereinbarung und einzelvertraglicher Abrede besteht. Die Betriebsvereinbarung gilt zwingend (§ 77 Abs. 4 BetrVG). Sie hat insoweit die gleiche Wirkung wie die Rechtsnormen eines Tarifvertrages (§ 4 Abs. 1 Satz 1 TVG). In § 4 Abs. 3 TVG ist diese zwingende Wirkung jedoch auf die Mindestbedingungen zugunsten der Arbeitnehmer beschränkt. § 77 BetrVG beinhaltet dieses Günstigkeitsprinzip für den Arbeitnehmer zwar nicht. Es ist jedoch anerkannt, dass hier § 4 Abs. 3 TVG entsprechend anzuwenden ist. Darüber, welche Regelung im Einzelfall gilt, Vertrag oder Betriebsvereinbarung, entscheidet ein Günstigkeitsvergleich. Maßgebend ist die für den Arbeitnehmer günstigere Regelung. Dies ist für Y sein Arbeitsvertrag. Dort war ihm auf seinen speziellen Wunsch, ohne jeden kollektiven Bezug, als einzigem Mitarbeiter zugesagt worden, seinen Urlaub in der Vorsaison nehmen zu können (BAG DB 1987, 383; Erfurter Kommentar zum Arbeitsrecht, 11. Auflage, § 77 BetrVG Randnr. 68).

Ergebnis: Da das Günstigkeitsprinzip somit für Y Geltung hat, darf er seinen Urlaub in der Vorsaison nehmen.

Fall 61

Der neue Tariflohn

Arbeitgeberverband und Industriegewerkschaft Metall haben zum 1. März eine 4%ige Lohnerhöhung durch Tarifvertrag ausgehandelt. Die Metallfabrik M, die dem Arbeitgeberverband angehört, hat bisher immer alle Mitarbeiter an einem solchen Tarifabschluss beteiligt. Inzwischen steht das Unternehmen ziemlich schlecht; es musste schon zweimal Kurzarbeit durchgeführt werden. Man möchte daher dieses Mal nur so weit anheben, wie es rechtlich geboten ist.

Drei Problemfälle ergaben sich:

1. Der Arbeiter A, der Gewerkschaftsmitglied ist, erhielt seit Jahren zum tariflichen Stundenlohn – derzeit 20,– € – einen Erschwerniszuschlag von 2,– €, weil an seinem Arbeitsplatz starker Lärm herrscht. Dieser Zuschlag wurde auf jeder Lohnabrechnung besonders aufgeführt.
2. Der Arbeiter B, der auch organisiert ist, bekam zum tariflichen Stundenlohn von 20,– € gleichfalls schon jahrelang 2,– € Zuschlag, der an keiner Stelle als getrennter Lohnbestandteil ausgewiesen wurde.
3. Dem nicht organisierten Arbeiter C wurde bisher ständig, ohne dass dies besonders vereinbart worden wäre, der Tariflohn von zur Zeit 20,– € ausbezahlt.

Frage: Zu welchen Lohnzahlungen ist die Metallfabrik M in diesen drei Fällen ab 1. März verpflichtet?

Lösung Frage 1:

Entscheidungsgrundlage: Eine höhere Lohnforderung des A könnte auf Grund des § 4 Abs. 1 TVG berechtigt sein, der festgelegt, dass Tarifverträge die Rechtslage unmittelbar und zwingend verändern.

Voraussetzungen: Diese Bestimmung verlangt:

- die beiderseitige Tarifbindung
- einen gültigen Tarifvertrag
- eine Regelung, die zum normativen Teil gehört.

Überprüfung: Die Metallfabrik M ist Mitglied des Arbeitgeberverbands, der Arbeiter A der Gewerkschaft. Beide Seiten sind damit tarifgebunden (§ 3 Abs. 1 TVG).

Der abgeschlossene Tarifvertrag ist wirksam. Er dürfte schriftlich niedergelegt sein (§ 1 Abs. 2 TVG) und sich inhaltlich im Rahmen des § 1 Abs. 1 TVG bewegen.

Die festgelegte 4%ige Lohnerhöhung gehört zum normativen Teil des Tarifvertrags. Es handelt sich dabei um eine Regelung, die – nach der Aufzählung der §§ 1 Abs. 1, 4 Abs. 1 TVG – den Inhalt des Arbeitsverhältnisses betrifft.

Ergebnis: A hat also ab 1. März Anspruch auf Tariflohn. Das ist ein Stundenlohn von 20,80 €, nämlich 4 % mehr als der bisherige Lohn von 20,– €.

Nachdem A bereits 22,– € erhält, 20,– € Lohn und 2,– € Erschwerniszuschlag, hängt alles davon ab, ob die bisherige übertarifliche Zulage von 2,– € auf den neuen Tariflohn anzurechnen ist oder nicht. Diese Frage kann von vornherein im Arbeitsvertrag geregelt sein. Fehlt es daran, wie hier, so entscheidet der Charakter der Zulage. Relativ selbstständige Lohnbestandteile sind nicht anrechenbar. Die Erschwerniszulage des A gehört hierher. Sie wird als Ausgleich für eine besondere Leistung gewährt, dass nämlich A bei der Arbeit starken Lärm ertragen muss. Auch ist die Zulage in der Lohnabrechnung immer getrennt ausgewiesen worden.

Die Metallfabrik M muss nach alledem A ab 1. März den neuen Tariflohn von 20,80 € sowie weitere 2,– € Erschwerniszulage, zusammen also 22,80 €, bezahlen.

Lösung Frage 2:

1. Entscheidungsgrundlage: Auch hier ist zunächst § 4 Abs. 1 TVG heranzuziehen.

Voraussetzungen: Die Kriterien wurden oben dargelegt.

Überprüfung: Sie liegen bei B, der Gewerkschaftsmitglied ist, genau so vor wie bei A.

Ergebnis: Dem B stehen also gleichfalls 20,80 € Tariflohn zu. Da ihm bereits 22,– € ausbezahlt werden, wiederholt sich hier die Frage, ob der bisherige übertarifliche Zuschlag von 2,– € anrechenbar ist oder nicht. Es fehlt an einer vertraglichen Regelung. Auch gibt es keine Indizien, dass es sich dabei um einen relativ selbstständigen Lohnbestandteil handelt. Es erfolgte keine Aufgliederung in der Lohnabrechnung. Auch ist kein besonderer Grund für den übertariflichen Zuschlag ersichtlich, anders als beim Erschwerniszuschlag des A. Der Zuschlag dürfte erfolgt sein, weil es die konjunkturelle Lage des Betriebs erlaubte. Unter diesen Umständen ist eine Anrechnung möglich. Die Metallfabrik M ist aus § 4 Abs. 1 TVG nicht verpflichtet, dem B einen höheren Lohn als bisher auszubezahlen; 22,– € liegen ja noch immer um 1,20 € über dem tariflich gesicherten Lohn.

2. Entscheidungsgrundlage: Es bleibt zu bedenken, ob B unter einem anderen rechtlichen Gesichtspunkt eine Lohnerhöhung erreichen kann. Dabei ist an die von der Rechtsprechung entwickelten Grundsätze zur betrieblichen Übung zu denken.

Voraussetzungen: Ein Arbeitgeber ist nach diesen Grundsätzen zu fortgesetzter Erfüllung verpflichtet:
- wiederholte Leistung
- ohne Vorbehalt.

Überprüfung: Diese Voraussetzungen scheinen auf den ersten Blick erfüllt zu sein: Jahrelang, also bei wiederholten Erhöhungen des Tariflohns, ließ die Metallfabrik M den übertariflichen Zuschlag von 2,– € unangetastet. Ein Vorbehalt, dass insoweit in Zukunft eine Änderung eintreten könnte, wurde nicht gemacht. Dennoch lehnt die Rechtsprechung eine Anwendung dieser Grundsätze ab. Sie verweist darauf, dass diese Rechtsprechung immer nur Gratifikationen, vor allem Weihnachtsgratifikationen, betroffen hat. Einer übertariflichen Zulage kommt aber kein Gratifikationscharakter zu, weil sie echter Lohnbestandteil ist.

Ergebnis: Die Metallfabrik M ist also unter dem Gesichtspunkt einer betrieblichen Übung nicht verpflichtet, den Lohn des B über die bisherigen 22,– € zu erhöhen.

3. Entscheidungsgrundlage: Als letzter Aspekt bleibt die Frage der Gleichbehandlung, zu der ein Arbeitgeber unter anderem gemäß § 75 BetrVG verpflichtet ist.

Voraussetzungen: Diese Verpflichtung ist bedingt durch:
- eine ungleiche Behandlung von Mitarbeitern
- ohne sachlichen Grund.

Überprüfung: Die Metallfabrik M würde – sollte es bei dem jetzigen Ergebnis bleiben – zwei Mitarbeiter ungleich behandeln; A würde ab 1. März 22,80 € Lohn erhalten, B dagegen nur 22,– €, obwohl beide bisher den gleichen Lohn von 22,– € empfangen hatten.

Für diese ungleiche Behandlung liegt ein sachlicher Grund vor. A erhielt ja den übertariflichen Zuschlag aus einem besonderen Grund, nämlich als Ausgleich für den Lärm, den er an seinem Arbeitsplatz ertragen muss. Einen derartigen Zuschlag bei schlechter wirtschaftlicher Lage des Unternehmens anders zu behandeln als Zuschläge, die allein auf Grund der früheren günstigen Lage des Betriebs gezahlt wurden, ist vernünftig und daher nicht sachfremd.

Ergebnis: Die Metallfabrik M ist also auch nicht nach § 75 BetrVG verpflichtet, dem Arbeiter B den gleichen Lohn wie dem Arbeiter A zu bezahlen. Es gibt nach alledem keinen rechtlichen Gesichtspunkt, unter dem M den Lohn des B ab 1. März erhöhen müsste.

Lösung Frage 3:

1. Entscheidungsgrundlage: Zuerst ist wiederum § 4 Abs. 1 TVG zu prüfen.

Voraussetzungen: Die Kriterien stehen bei Frage 1.

Überprüfung: Der Arbeiter C ist nicht Gewerkschaftsmitglied. Es fehlt also von seiner Seite aus an der Tarifbindung (§ 3 Abs. 1 TVG).

Ergebnis: Die Metallfabrik M ist daher nach § 4 Abs. 1 TVG gegenüber C nicht zur Bezahlung des neuen Tariflohns verpflichtet.

2. Entscheidungsgrundlage: Genau so wenig ist M durch eine betriebliche Übung zu einer Lohnerhöhung ab 1. März verpflichtet. Diese Rechtsgrundsätze gelten nur für Gratifikationen, nicht aber für den Lohn oder echte Lohnbestandteile. Für die ungleiche Behandlung gilt als sachlicher Grund, dass C nicht tarifgebunden ist.

Fall 62

Folgen eines wilden Streiks

Bei den Arbeitnehmern des Unternehmens U sprach es sich herum, dass auf Weihnachten keine Gratifikationen ausbezahlt werden sollen. Ein Teil der Arbeitnehmer war darüber so erbost, dass er für drei Tage in Streik trat, obwohl U ständig auffordern ließ, die Arbeit wieder aufzunehmen. Auch die zuständige Gewerkschaft missbilligte das Verhalten der Streikenden.

Im Laufe dieses Arbeitskampfes sprach U zwei fristlose Kündigungen aus. Diese Maßnahme betraf einmal A, der den Kampf vor allem angezettelt und geschürt hatte. Die Kündigung galt außerdem B, der zunächst weitergearbeitet hatte. Als er aber streikbedingt seine eigene Arbeit nicht mehr durchführen konnte, hatte U von ihm verlangt, den Arbeitsplatz eines Streikenden zu übernehmen.

Frage 1: Ist die Kündigung gegenüber A berechtigt?
Frage 2: Wie steht es mit der Kündigung gegenüber B?
Frage 3: Kann B, der sich am wenigsten mit der Kündigung abfinden will, auch Fortzahlung seines Arbeitslohnes verlangen?

Lösung Frage 1:

Entscheidungsgrundlage: Maßgebend ist § 626 Abs. 1 BGB.

Voraussetzungen: Es wird ein wichtiger Grund verlangt, der vorliegt bei
- erheblicher Pflichtverletzung
- Unzumutbarkeit der weiteren Fortsetzung des Arbeitsverhältnisses.

Überprüfung: Das Bundesarbeitsgericht wertet die Arbeitsniederlegung während des Streiks nur dann als Verletzung der aus dem Arbeitsvertrag hervorgehenden Arbeitspflicht, wenn dieser Streik rechtswidrig gewesen ist. Ein Streik kann einmal dann rechtswidrig sein, wenn er gegen die Friedenspflicht des Tarifvertrags verstößt. Dazu sagt der Sachverhalt nichts. Zum anderen kann sich die Rechtswidrigkeit aus § 823 Abs. 1 BGB ergeben. Ein Streik greift in den eingerichteten und ausgeübten Gewerbebetrieb ein, der als sonstiges Recht anerkannt ist. Die Widerrechtlichkeit – weitere Tatbestandsvoraussetzung des § 823 Abs. 1 BGB – ist dann anzunehmen, wenn der Streik nicht wegen Vorliegens sozialer Adäquanz gerechtfertigt ist. Ein von der Gewerkschaft nicht unterstützter, wilder Streik ist niemals sozialadäquat. Es fehlt hier nämlich die Kontrolle durch die Gewerkschaften, wie sie in unserer Arbeitsverfassung geschichtlich überkommen ist. Danach beteiligte sich A an einem rechtswidrigen Streik; er verletzte damit die Arbeitspflicht. Diese Pflichtverletzung war erheblich; sie erstreckte sich auf drei Tage.

U ist eine weitere Fortsetzung des Arbeitsverhältnisses bis zum Ablauf der Kündigungsfrist nicht zumutbar, nachdem A den Streik trotz der Missbilligung durch die Gewerkschaft und trotz der ständigen Aufforderungen des Arbeitgebers, zur Arbeit zurückzukehren, weiterhin maßgeblich unterstützte.

Ergebnis: Die fristlose Kündigung gegenüber A war also berechtigt. Daran ändert auch der Umstand nichts, dass U anderen streikenden Arbeitnehmern nicht kündigte;

der Gleichbehandlungsgrundsatz findet nämlich nach einer Entscheidung des Bundesarbeitsgerichtes auf Kündigungen keine Anwendung. Hinzu kommt, dass A den Streik angezettelt und geschürt hat. Seine Streikbeteiligung kann daher mit der eines bloß schlichten Teilnehmers nicht verglichen werden (vgl. Erfurter Kommentar zum Arbeitsrecht, 11. Auflage, Art. 9 GG Randnr. 225).

Lösung Frage 2:

Entscheidungsgrundlage: Die Berechtigung der Kündigung richtet sich gleichfalls nach § 626 Abs. 1 BGB.

Voraussetzungen: Die Voraussetzungen für den wichtigen Grund ergeben sich aus Frage 1.

Überprüfung: B könnte gegen die Treuepflicht, der jeder Arbeitnehmer unterworfen ist (§ 241 Abs. 2 BGB), verstoßen haben, als er sich weigerte, den Arbeitsplatz eines Streikenden zu übernehmen. Diese Treuepflicht hat aber Grenzen, die durch Gesetz, Tarifvertrag, Betriebsvereinbarung, Arbeitsvertrag und letztlich durch die Zumutbarkeit gezogen sind. Die Anweisung des U, B solle Streikarbeit verrichten, verletzt diese Grenze der Zumutbarkeit. Einem Arbeitnehmer ist es nämlich nicht zuzumuten, seinen streikenden Arbeitskollegen dadurch in den Rücken zu fallen, dass er deren Arbeit ausführt (vgl. Erfurter Kommentar zum Arbeitsrecht, 11. Auflage, Art. 9 GG Randnr. 175). B durfte sich daher dieser Weisung widersetzen, ohne seine Treuepflicht zu verletzen.

Ergebnis: Die Kündigung gegenüber B war somit nicht berechtigt.

Lösung Frage 3:

Die Lohnforderung des B könnte auf Grund des § 611 Abs. 1 BGB, § 615 BGB oder der von der Rechtsprechung entwickelten Leitsätze zum Betriebsrisiko gerechtfertigt sein.

1. Entscheidungsgrundlage: Zunächst ist § 611 Abs. 1 BGB heranzuziehen.

Voraussetzungen: Es wird vorausgesetzt:
- ein Arbeitsvertrag
- die Erbringung der Arbeitsleistung.

Die zweite Voraussetzung ergibt sich aus § 320 BGB; der Arbeitsvertrag ist ein gegenseitiger Vertrag, bei dem die Leistung bis zur Bewirkung der Gegenleistung verweigert werden kann.

Überprüfung: Zwischen U und B war ein Arbeitsvertrag – also ein Dienstvertrag zwischen Arbeitnehmer und Arbeitgeber – geschlossen worden.

B erbrachte keine Arbeitsleistung mehr, weil er seine Arbeit nicht mehr leisten konnte.

Ergebnis: B kann also von diesem Zeitpunkt an keinen Lohn nach § 611 Abs. 1 BGB verlangen.

2. Entscheidungsgrundlage: Für die sich anschließende Zeit, von der Ablehnung der Streikbrecherarbeit an, kommt eine Lohnzahlung auf Grund des § 615 Satz 1 BGB in Betracht.

Voraussetzungen: Nach dieser Bestimmung ist ein Arbeitgeber bei Annahmeverzug zur Lohnfortzahlung verpflichtet. Annahmeverzug setzt nach §§ 293 ff. BGB voraus:
- Angebot der Arbeitsleistung durch den Arbeitnehmer (§§ 294-296 BGB)
- Leistungsbereitschaft und Leistungsfähigkeit des Arbeitnehmers (§ 297 BGB)
- Nichtannahme der Arbeitsleistung durch den Arbeitgeber (§ 293 BGB).

Überprüfung: B hat die Arbeit angeboten (vgl. § 295 BGB). Seine ursprüngliche Arbeit zu erbringen, war B immer bereit. Fraglich ist aber, ob B imstande war, der Arbeitspflicht nachzukommen.

Leistungsfähigkeit könnte man deswegen bejahen, weil B ja bereit und willens war, seine ursprüngliche Arbeit zu verrichten. Leistungsfähigkeit – so könnte man dagegen argumentieren – verlangt mehr, nicht nur den arbeitsfähigen Arbeitnehmer, sondern auch den intakten Betrieb, in dem die Arbeit erbracht werden soll. Daran fehlt es in den Streiktagen. Die Rechtsprechung hat erkannt, dass die Streitfrage, was Leistungsfähigkeit bei Arbeitsverhältnissen bedeutet, vom BGB nicht befriedigend gelöst ist. Die Rechtsprechung hat daher eine eigenständige Lösung entwickelt (vgl. BAG BB 1976, 511 f., BAG NJW 1981, 937) und abgelehnt, dass Leistungsfähigkeit bestand.

Ergebnis: § 615 Satz 1 BGB scheidet damit als Anspruchsgrundlage auf Lohnfortzahlung für die Streiktage aus.

3. Entscheidungsgrundlage: Nach § 615 Satz 3 BGB muss U die Vergütung in den Fällen weiterzahlen, in denen er das Risiko des Arbeitsausfalles trägt.

Voraussetzungen: Nach der gesicherten Rechtsprechung setzt das voraus
- Betriebsstörung
- nicht entstanden aus der Sphäre der Arbeitnehmer
- keine Gefährdung der Betriebsexistenz durch diese Vergütungsfortzahlung.

Überprüfung: Der Betrieb des U wurde durch den Streik gestört.

Diese Störung ist durch die eigenen Arbeitskollegen des B entstanden. Sie traten in den Streik, der die Weiterbeschäftigung des B unmöglich machte. In einem solchen Fall ist es unter dem Gesichtspunkt der Kampfparität nicht zu rechtfertigen, den Arbeitgeber das Lohnrisiko tragen zu lassen.

Ergebnis: B hat also nach § 615 Satz 3 BGB keinen Vergütungsanspruch für die Streiktage. B kann nur für die Zeit nach dem Streikende Vergütung beanspruchen.

Stichwortverzeichnis

Die Zahlen beziehen sich auf die Nummer des Falles